リーダーシップは「見えないところ」が9割

吉田幸弘

青春新書
INTELLIGENCE

はじめに——3万5000人の管理職を見てきてわかった、できるリーダーの共通点

私は人材コンサルタントとして、これまでに3万5000人以上の管理職の方々に、コンサルティングやセミナーを行ってきました。

長年にわたり多くのリーダーを見てきましたが、できるリーダーには、ある共通点があります。

それは「見えないところ」を大切にしていること。

リーダーと聞いて、みなさんがイメージするのは、強いリーダーシップを発揮して、チームのメンバーをグイグイ引っ張っていくような人物ではないでしょうか。

しかし、できるリーダーは押しが強い感じではなく、部下の相談に耳を傾けたり、やりたいことをうまく引き出したりと、上手にサポートに回っています。

リーダー自身が直接何かをするのは、1割程度といったところでしょうか。残りの9割は部下をさりげなくフォローしたり、準備したり、仕事の流れを整えたりと、リーダーが「見えないところ」で働きかけているのです。

私は旅行会社や学校法人、外資系専門商社など、さまざまな会社で働いてきましたが、自分自身がリーダーとしてチームを率いていた時も、「見えないところ」を意識していたように思います。

もっとも、最初からそうだったわけではなく、初めてリーダーに昇格した当初は、典型的な「押しが強いリーダー」でした。

しかし、「部下を早く成長させなければ」「自分がチームを引っ張らなければ」と気負うあまり、部下を必要以上に厳しく指導したり、思い通りに動かそうとしたりした結果、チームはガタガタに。部下を伸ばすどころか、かえって萎縮させてしまい、リーダーから外されてしまったのです。

その悔しさをバネに、さまざまな本を読んだり、セミナーを受講したりして、「リーダーのあり方」を学びました。また、うまくいっているリーダーに出会い、そのやり方を観察するなど、これまでのやり方を大きく変えていったのです。

すると、営業成績が劇的に改善し、5カ月連続で営業成績トップになり、再びリーダーを任されるように。今度はリーダーとして部下を「見えないところ」でサポートするようにして、チーム全体で業績を伸ばすことができるようになったのです。

リーダーとして一度失敗したからこそ、見えてきたことがあります。

それは、「リーダーは必ずしも万能でなくていい」ということです。むしろ、すぐに部下に正解を教えたり、助け舟を出したりしてしまう経験豊富な人ほど、部下の成長の機会を奪ってしまう可能性があります。

また、今は変化が激しく、価値観も多様化しているため、リーダーの考え方だけですべてを判断していくことにはリスクがあります。それなら、リーダー個人の力を使うのではなく、チーム全体の力を使ったほうが勝率が上がると思いませんか。

先行きの不透明なこの時代には、「個人」ではなく「チーム」で勝ちに行くという発想の転換が必要です。これまでのリーダーシップのあり方を本書でアップデートさせ、最高のリーダーになる極意をつかんでください。

リーダーシップは「見えないところ」が9割　目次

第2章

できるリーダーは部下の「ここ」をこっそり見ている

第5章 リーダーが「見えないところ」でやっている仕事の工夫

第6章

リーダーの「自分を整え、高める」秘密のルーティン

第7章 チーム力を高めるリーダーの「見えない」習慣

本文デザイン/青木佐和子

第1章

リーダーシップは「見えないところ」で差がつく！

「指示命令型リーダーシップ」の限界

リーダーは、組織のなかで先陣を切って部下を率いていく存在——かってはそう思われていました。しかし、外部環境の変化のスピードが激しい昨今、リーダーのあり方が変わりつつあります。

高度経済成長期には、経験豊富なリーダーが数年後を予測して動いていましたが、今は正解がない時代です。リーダーの経験や考え方のみにとらわれるのは、非常にリスクが高いと言えるでしょう。加えて、業務の細分化、ＩＴの浸透などにより、リーダーが部下に対して全知全能でいることが難しくなりました。これまでのやり方が通用しなくなってきているのです。

従来のマネジメントは、リーダーがトップダウンでどんどん指示命令を出していく**「指示命令型リーダーシップ」**が主流でした。

しかし、指示命令型リーダーシップの場合、言われたことと違うことをやって怒られるくらいなら動かないほうがいいと、部下が指示待ちになってしまいます。また、いちいち上司にお伺いを立てないといけないため、何かあった時に対応が後手に回り、他社に後れを取ってしまうこともあるでしょう。

何より、リーダー自身がすべての業務においてタッチしていなくてはならないと考えるため、仕事を抱えすぎてしまい、疲弊してパフォーマンスが低下してしまう弊害もありました。

「共感」で人を動かす新しいリーダーシップ

そこで生まれたのが、**「共感型リーダーシップ」**です。共感型リーダーシップの代表的なものが、部下を主役とし、リーダーが補佐に回る**「サーバントリーダーシップ」（支援型リーダーシップ）**という考え方です。

サーバントリーダーシップに必要な要素は、次の8つがあります。

1　傾聴力……部下の声に耳を傾ける

2　フィードバック……仕事の指示や目標をわかりやすく伝える

3　心理的安全性……組織のなかでも、自分の考えや意見を安心して発言できるようにする
4　納得……服従させるのではなく、納得を促して仕事を進める
5　裏方役……部下が活躍できるよう裏方に回る
6　成長へのアシスト……個々の成長を促すようサポートする
7　チームの環境づくり……メンバーが成長できるコミュニティーをつくる
8　平常心……ミスやトラブルがあった時でも、感情的にならずに接する

これを見て気づかれることはないでしょうか。

そう、**リーダーが直接的に何かをするというよりも、サポートしたり環境を整えたりと、間接的に働きかける要素が多い**のです。

これは簡単なようでいて、実は意外に難しい。

例えば、部下が仕事で行き詰まった時、能力が高いリーダーほど具体的な指示を出したり、「こうすればうまくいく」と、すぐに解決策を教えたりしてしまいがちです。

しかし、部下を成長させるには、成功体験を積ませることが欠かせません。そこで、で

きるリーダーは、部下に「自分の力でやり遂げた」という経験を味わわせるために、サポートに回るのです。時にはわざと曖昧《あいまい》な指示を出すことで、自ら考えるように誘導することもあります。

「自分がやったほうが早い」とリーダーが自ら動いてしまいたくなる気持ちをグッとこらえて、まずは個人の力ではなくチームの力が評価対象になると、考え方を根本から変える必要があります。

ある会社のコンサルティングをした時のことです。その会社では、営業マネジャーの個人成績はいいけれども、離職する部下が多く、チームとしての成績は低迷していました。

そこで私は、その営業マネジャーに伝えました。

「自分の成績が最下位になっても、メンバーに業績を上げてもらってチーム全体で予算を達成できればいいと、考えをシフトしてください」

マネジャーも最初のうちは抵抗感があったようですが、自分が前面に出ずに部下のアシストに回ることで、見事にチームで予算を達成できるようになったのです。

部下の能力・スキルを最大限に活かす。

これがこれからのリーダーの役割と言えるでしょう。

あえて「自分でやらない」勇気を持つ

「共感型リーダーシップ」を実践するうえで大きな壁となるのが、「リーダー自身の承認欲求」です。

私は研修や1on1ミーティングを通して、「共感型リーダーシップ」をうまく実践できているリーダーとできていないリーダーには、どんな違いがあるのかを分析してみました。

その結果、見えてきたのは、実践できているリーダーは、**「自分自身の承認欲求が満たされている」**ということでした。

自分からどんどん指示命令を出していく人は、責任感が強いことに加え、自分を誇示したい、認められたいという欲求が強い傾向にあります。

リーダーになった方の多くは、プレイヤーとして実績を出してきた方です。すなわち、称賛されていた方です。なかには「ほめられて伸びるタイプ」と公言していた方もいるでしょう。それが、リーダーになったとたん、ほめられなくなったのです。

また、指示命令を出さずに、陰で部下を支えているような状況だと、「自分の存在感を示せないと評価されないのではないか。何も仕事をしていないように見えるのではないか」と思ってしまうケースも少なくありません。

しかし、そこで自分が主役になろうとすれば、「指示命令型リーダーシップ」に逆戻りです。

つまり、「共感型リーダーシップ」を実践するためには、**「自分でやらない勇気」「指示を出さない勇気」**が必要なのです。

ちなみに、この「共感型リーダーシップ」がうまくできている人の多くは、自分はほめられなくてもいいと考え、自己承認をする機会を上手につくっています。

「今週はAさんの受注のアシストができた」

「Bさんに仕事を効率よく進めるアドバイスができた」

といった具合に、定期的に自分のよかった点をメモしたりしているのです。

同時に、自分を補佐役にできるリーダーは、居場所も上手に確保しています。

リーダーになると、時に「部下との間に距離があるな」と思うことが出てくるものです。特に同じ部署でプレイヤーからリーダーに昇格した方は、寂しい気持ちになることもあるでしょう。

このような方は、ビジネス交流会、趣味のサークルなど、会社と家庭以外の〝第三の場所〟（サードプレイス）を持っているものです。

今はＳＮＳなどで交流できる場も探しやすくなりました。オンラインで参加できるコミュニティーも多くなっています。

自己承認の機会と居場所の確保をすることで、メンバーや上司に対しての強い承認欲求は満たされるようになり、おのずと「自分が、自分が」といった指示命令型リーダーは卒業できるようになるでしょう。

最高のリーダーが「見えないところ」を大切にする理由

人は誰でもほめられると嬉しいものです。しかし、なかには直接ほめると「何か裏があるのではないか」と勘繰る人もいます。

そこで効果的なのが、**本人がいないところで、共通の知り合いに対してその人のことをほめる「陰《かげ》ほめ」をする**ことです。第三者からほめていることを聞いた時のほうが、直接ほめられるよりも信頼性のある情報だと思われ、ずっとあなたの印象がよくなるからです。

同じように、ある人が「見えないところ」で自分のことを助けてくれたり気にかけてくれていたことを知った時、その人への信頼感は一気に高まるのではないでしょうか。

それは、リーダーと部下の関係においても言えることです。リーダーが自分のために陰ながらサポートしてくれていたり、骨を折ったりしてくれていることを知れば、部下はそのリーダーについていきたいと思うようになるでしょう。

ただし、そんな陰のサポートに気づいてもらわなくてもかまわない、くらいの気持ちでいることが大切です。下心なく、あくまでも相手のためを思ってやるのです。

また、優れたリーダーは「見えないところ」で部下をサポートするだけでなく、「見えないところ」で自分自身の仕事にも工夫を重ねたり、自分を整えたりしています。

私はこれまでに3万5000人の管理職やリーダーに講演や研修を行ってきましたが、うまくいっているリーダーほど、仕事の表面的な部分をアピールするのではなく、土台となる部分を大切にしていると感じています。

本書では、そんな最高のリーダーたちが「見えないところ」でやっていることを紹介していきます。

まずは部下を「見えないところ」で、どのようにサポートしているのかを見ていきましょう。

第2章

できるリーダーは部下の「ここ」をこっそり見ている

部下のモチベーションを上げることは不可能⁉

「部下のモチベーションを上げるには、どうしたらいいでしょうか」

という相談をよく受けます。また、そのような講演の依頼も多くあります。

しかし、これまでさまざまな企業で人材育成のお手伝いをしてきて言えるのは、**「部下のモチベーションを100%上げる方法はない」**ということです。

最初からがっかりする話で申し訳ありません。

そもそも人間の動機づけには、**「外発的動機づけ」**と**「内発的動機づけ」**の2種類があります。

「外発的動機づけ」とは、昇格・昇給など、自分の外側からもたらされる動機づけのこと。

一方、「内発的動機づけ」とは、好奇心や関心、仕事の楽しさなど、自分の内側からもたらされる動機づけのことです。

「外発的動機づけ」は短期的には効果があるのですが、長続きしないという特徴があります。例えば昇給したり、インセンティブでお金をもらった時には、「うちの会社はありがたいな」と感謝の念を持つでしょう。しかし、昇給して少し経ったら、「うちの会社の給料なんて安いんだよ」などと言い出す人は少なくありません。

お恥ずかしながら、私がそうでした。月給が30万円から35万円に上がった時は嬉しいのですが、数カ月もすると「35万円もらって当たり前」となってしまうのです。

そこで、「内発的動機づけ」を高めていく必要があるのですが、部下の将来やりたいこと、どんな仕事をする時が楽しいかなどを把握し、その希望に沿った仕事をしてもらうのがいいでしょう。

しかし、「内発的動機づけ」が高まっても、部下のモチベーションを100%上げられるとは限りません。実は**「外部環境」**がモチベーションに大きく影響するからです。

「隣の部署にAさんという、自分と合わない人がいる」

「細かくてわがままな取引先と会わないければならない」

こういった事情でモチベーションが下がることは避けられません。

他にも、大雨で会社に来る途中でずぶ濡れになった、通勤電車で近くにいた人の傘にたまっていた水がスーツにかかった、などといった事情もあるかもしれません。あるいは家を出る前に家族と口論した、ハトに糞《ふん》をかけられたなど、仕事とはまったく関係ないことが要因で、朝からイライラしてモチベーションが下がっている場合もあるでしょう。

つまり、どんなにいい言葉かけをしても、部下のやりたい仕事を任せても、モチベーションが上がらない、嬉しそうでないということがあるのです。

だから、モチベーションを上げることはあきらめる、**モチベーションは下げなければいい**と考えましょう。

リーダーがひそかにつけている「部下ノート」の中身

大切なのは、部下がどのような時にモチベーションが下がるかを把握しておき、そうならないように注意しておくことです。そこで私が推奨しているのが「部下ノート」をつけることです。

「部下ノート」とは、**部下のことを把握するために、部下に関する情報をまとめておくノート**です。

例えば営業マンは、取引先のことを何でも知ろうとします。将来のビジネスの展望、その会社が重視していることなどはもちろん、担当者自身のこと、担当者が社内でどうありたいか、時には話を合わせるために担当者の出身地、趣味まで知ろうとします。

その一方で、リーダーのなかには部下のことを知らない人もいます。

先日、研修で「部下の誕生日、出身地、趣味を書いてください」と言ったら、書けない人がいました。部下の漢字を間違えて覚えている人もいました。

書けない人のなかには、「今はセクハラと思われたり、プライベートのことは話したがらない人がいるからわからないですよ」と言ってきた人もいましたが、人間関係が良好であれば教えてくれるでしょう。確かに家族構成や恋人の有無などは聞かないほうがいいかもしれませんが、出身地や趣味を聞くのは許容範囲だと思います。

「私は青森出身で、久しぶりにゴールデンウィークに帰省しようと思っているんだ。〇〇さんの出身はどこ？」

こんな聞き方なら大丈夫でしょう。

要は、部下のことを知らなすぎるリーダーが多いのです。

部下はリーダーにとって、お客様と同じです。お客様との関係が良好になり、発注が増えれば、営業マンの成績もアップします。同様に、部下が成績を上げれば、チームの成績も上がり、リーダーの評価も高まります。

このように書くと、「部下に媚《こ》びを売らないといけないのか」と言う方がいらっしゃるかもしれませんが、そういう意味ではありません。部下のことを把握して、最大限のパフォーマンスを発揮してもらえるようアシストするのです。

「部下ノート」には、次のようなことを書いておくといいでしょう。

・部下が大切にしているもの
・働く理由
・夢や目標
・日々の不安
・得意なこと、不得意なこと
・趣味
・喜んでいたこと、怒っていたこと

・部下が取った素晴らしい行動（プロセス）

特に、部下が取った素晴らしい行動を記録しておくことは効果的です。あとで詳しく述べますが、部下にイライラした時「部下ノート」を読み返すことで、感情をクールダウンするのに役立ちます。

部下を知れば、部下を動かす伝え方がわかる

また、大事な項目として、「部下の働く理由」があります。具体的には、

「なぜ、今の仕事を選んだのか」

「仕事を通して何を得たいのか」

「将来はどのようなことをしたいのか」

「人生における仕事の位置づけは？」


などです。

現代では、１人ひとりがさまざまな価値観や働く動機を持っています。そこを把握して

おくことで、部下の琴線《きんせん》に触れる伝え方をすることができます。

・早く帰って家族と過ごしたい部下に対しては、「1つひとつの業務時間を短縮する工夫をすれば、家族と過ごせる時間が増えるよ」と伝える
・将来、企画部に行きたい若手営業マンには、新しい企画を出すように指示をする
・いつかは独立したいと思っている部下に仕事を頼む時は、「独立した時に役に立つ業務だよ」「人脈が構築できるよ」という理由づけをする
・人と会って話をするのが好きな営業マンには、「事務作業を効率化すれば、もっとお客様のところを回れるよ」と伝える
・スポーツが好きで、それを仕事に絡めたい部下には、「スポーツ施設や団体をリストアップして、そこに営業をかければ、趣味と実益を兼ねられるよ」と伝える

それぞれの部下の仕事をする動機を知っておけば、仕事も頼みやすくなりますし、部下も自ら積極的に仕事に取り組むようになるでしょう。

そのなかには「何のために仕事をしているの?」と聞いても答えられない人もいます。その

ような人生のビジョンを持っていない部下は、意外に少なくありません。ならば、リーダーが次のような問いかけをして、部下にビジョンを描くコツを教えてあげましょう。

・「子どもの頃や学生の頃に時間を忘れて打ち込んだものは何？」↓これが部下にとっての価値観かもしれません
・「やっていてストレスがたまるものはある？」↓それは部下が苦手なこと。できればやりたくないと思っている可能性があります
・「まわりの人たちが苦労しているのに、自分は簡単にできたことって何かある？」↓部下の才能です。この才能を活かせる仕事を与えてあげましょう
・「自分より10歳年上で、この人みたいになりたいと思っている人って、誰かいる？」↓その人をロールモデルにすることを伝えましょう

部下の成熟度によって対応を変える

部下によって態度が変わるリーダーは当然、信頼されません。

「上司が部下を見抜くのには3カ月かかるが、部下は上司を3日で見抜く」とも言われているように、部下は上司の行動をよく見ています。ある部下への冷たい接し方を見て、「自分もいつかあのような態度を取られるのではないか」と心配するからです。

よって、リーダーはどんな部下に対しても同じような態度で接し、コミュニケーションを取らなければなりません。

だからといって、すべての部下に仕事を平等に割り振る、関わり方を同じにするといったことも、よくありません。実は、**部下を成長させるリーダーは、必要に応じて部下への対応を変えている**のです。

1977年にポール・ハーシーとケネス・ブランチャードの2人が提唱した「シチュエーショナル・リーダーシップ理論」（SL理論）というものがあります。

この理論では、どんな部下も一律に扱うのではなく、意欲・能力・自立度などを含めた「成熟度」（シチュエーション）に応じてリーダーシップを発揮し、仕事の振り方、任せ方を変える必要があるとしています。

SL理論によれば、部下の成熟度は次の4つのステージに分かれます。

ステージ1 業務知識やスキルがほとんどない段階

この段階の部下には、一方的に細かく仕事の指示をする「教示的」なスタイルが求められています。

ステージ2 業務にある程度慣れてきたが、まだまだ不十分な点がある段階

この段階の部下には、一方的に指示するだけでなく、その仕事をやる意義を伝えるなど、知識やスキル以外のサポートを強めた「説得的」なスタイルが求められています。それによって、仕事における行動パターンをつくることが主な目的になります。

ステージ3 業務は1人で遂行できるようになったが、マンネリ化してきている段階

この段階の部下には、一方的な指示は減らしてOKです。その代わり精神面でのサポートを強め、部下の主体性を尊重し、部下と協同して問題解決を図る「参加的」なスタイルが求められています。

それによって、部下が自ら考える力を育むことが主な目的になります。

ステージ4　高い成果を出せる専門家として信頼できる段階

この段階の部下には、一方的な指示やサポートはグッと減らして、思い切って部下に意思決定まで任せる「委任的」なスタイルが求められています。それによって、部下に責任感を持たせることが主な目的になります。

できるリーダーは、この4段階に応じて、部下との関わり方を変えています。

そうすれば、ステージ2の部下にステージ4のスキル・能力を求めた結果、つぶしてしまうといったことは起こりません。また、ステージ4の部下にステージ1の部下に接するように事細かに指示して、モチベーションを下げたりすることも起こりません。

また、評価に関しても、部下のステージをしっかり見極められるよう、自分のなかで評価ポイントを明確にしておく必要があります。

「部下に仕事を任せられない」心のブロックの外し方

部下を成長させるためには、思い切って部下に仕事を任せることが欠かせません。

そうはいっても、「自分でやったほうが早いし、部下に任せて失敗されたら困る」と慎重になり、なかなか任せられないという人もいるでしょう。

そこで、この「任せられないブロック」を取り外す方法をお教えします。ここでは2つご紹介しましょう。

1つ目は、自分のプレイヤー時代を思い出すことです。

・当時、自分が上司から任された仕事を振り返る
・その仕事を任された時、1人でできるレベルだったかを自問自答する
・その仕事をした時の喜び・成功体験を思い出す
・他の仕事も含め、仕事を任されて出した損害がどれだけあったかを考える

すると、「あれっ、損害なんて大したことないぞ。むしろ当時のリーダーは思い切って

任せてくれたんだ」と気づくのではないでしょうか。
「成長できたのは当時のリーダーのおかげだ。ならば当時のリーダーのように、自分も部下に任せよう」と感謝の念が湧いてくるでしょう。

2つ目は、決めつけや思い込みのバイアスに陥っていないか、自問自答してみることです。

・誤字脱字が多いから取引先を任せられないAさん↓Aさんは仕事ができないから任せられないと思っている↓Aさんはコミュニケーションを取るのに問題はないし、1年後もこのまま営業ができない状態でいいのだろうか?↓それはよくない。成長してもらうためにも任せよう
・一度任せたけど失敗したBさん↓あの時は尻拭いが大変だった↓でも、任せないでリーダーの自分がやり続けていいのか? 任せることで、自分は新商品の開発に時間を充てられるのでは?↓前回は未熟だったけれど、Bさんも成長している。もう一度任せてみよう

仕事を振らないということは、**その部下の成長の機会を奪っている**ことにもなります。

部下の仕事のスキルも見極めながら、「任せられないブロック」を取り外していきましょう。

できる部下に仕事を集中させていないか

以前は安心して仕事を任せられたAさんですが、最近ミスが多くなってきました。実はあるリーダーの下で、Aさんはたくさんの仕事を抱えていたのです。

このように、できる人に仕事が集中するのはよくあることで、「宿命だよ」「それだけ頼られているんだよ」と言うリーダーもいます。しかし、これは問題です。すでにミスが起きているのですから、Aさんはパンクしてしまっているのです。状況によっては、この先、メンタルがダウンしてしまうかもしれません。

また、どんどん成長できるからいいと言う人もいますが、そうはいっても営業アシスタントで1日7件の資料を作成しているAさんと、1日2件の資料しか作成していないBさんが同じ給料だとしたら、Aさんは不公平と感じるかもしれません。

「この人はできるから大丈夫」と多くの仕事を与えすぎたり、目標設定を高くしてしまうことで組織に疑問を持ち、転職してしまうケースも少なくありません。

「仕事なんだから黙って尽くせ」という精神論を唱えている時代もありましたが、上層部のエゴに過ぎません。このようなタイプのリーダーは信頼されません。

ここで人を動かすのが上手なリーダーは、こんな工夫をしています。

1 業務を「見える化」する

業務を「見える化」することで、それぞれの仕事量が見えてきます。まずはどんな小さな業務でも明示してもらいましょう。

すると、忙しそうにしているだけで、実はかなり業務量が少ない人がいることがわかる場合もあります。

なお、業務量が少ない人には、

・意図的に少なくしている人
・本当はもっと業務を多くしてほしいと思っている人

という2つのパターンがあります。

後者には、かつて仕事を任せたけれどうまくいかなかった人や、まだ独り立ちしていない人、ミスが多い人などが当てはまります。

確かに、リーダーからすると、質の高いアウトプットをしてくれる人に仕事を任せたいのが本音でしょう。しかし、それではリーダーの仕事を放棄しているのも同然です。リーダーの仕事は、部門の成果を出すことと同時に、メンバーの育成もあるからです。

やはり、仕事はある程度量をこなさないと、できるようになりません。また、知識やスキルは学んでも、その時点では「わかる」状態であり、「できる」までには至っていません。実行する機会を設けるのがリーダーの役割です。

2 部下に「ギブアップ」をすることが大切と伝える

仕事を多く抱えてしまう人は、「ギブアップしたら無能と思われるのではないか」「仕事を減らしてほしいと言ったらネガティブに思われるのではないか」と思っている可能性があります。

前章で少し触れましたが、近年では、組織内でも自分の意見や考えを安心して発言できる状態にする**「心理的安全性」**が重視されるようになりました。そこで、このような部下には、「仕事の量が極限に来た時は、評価を下げないどころか、むしろ報告してくれることで評価が上がる」と伝えましょう。

逆に、意図的に仕事を少なくしている人には、評価に影響すると伝えるのも劇薬としてたまにはありです。

3 仕事の断り方を教える

「勇気を出して仕事を断ろう」「断ることは悪いことではない」と伝えるリーダーがいますが、そもそも部下にとっては簡単なことではありません。仕事を抱えてしまうタイプの人は、優秀かつ優しい傾向があります。断ったら相手に悪いなと思っていますし、「断る勇気を持て」などと精神論を言っても解決になりませんから、**テクニックとしての「断り方」**を伝えるようにしましょう。

アメリカで生まれた「アサーション」という、「自分も相手も大切にする」コミュニケーションの手法があります。断りたいけれどうまく言えそうもないことを伝えようとする時や、自分の気持ちや考えを明確にしてから話す必要がある時などに役立つスキルです。

このアサーションを活用した方法として、**「DESC法」**があります。

・Ｄ：Describe……現在置かれている状況を客観的に「描写」する
・Ｅ：Explain / Express……状況に対する自分または相手の気持ちを主観的に「説明」する
・Ｓ：Specify / Suggest……相手に望む解決策を「提案」する
・Ｃ：Choose……相手から同意された時と、同意されなかった時、それぞれの場合にどう答えるか「選択肢」を考えておく

例えば、Ａさんが多くの仕事を抱えていて、Ｂさんからの仕事を断る場合は、「ＤＥＳＣ法」で次のように対応します。

・Ｄ「今は、〇〇社のプロジェクトメンバーになっていて、時間を取られています」
・Ｅ「４月末までは時間がかかりますので、それ以降でしたらお手伝いできます」
・Ｓ「５月以降のプロジェクトでしたら私がメンバーになれますが、今月は他の方にお願いしたいと思います」
・Ｃ（Ｂさんから「いいよ」と言われた場合）「では、よろしくお願いいたします」

（Bさんから「いや、ダメだ」と言われた場合）「では、リーダーに相談してみます」

DESC法では、いきなり相手に意見を言うのではなく、最初にD「描写」を使うことによって、「現状がこうです」と客観的前提を確認し合うので、独りよがりと思われずにすみ、相手も主張を受け入れる予備態勢ができます。

また、相手の状況を鑑《かんが》みて、S「提案」を準備しておけるので、嫌われることもないでしょう。

さらには大きくYESとNOの結果を予測し、両方に対する自分の対応を決めておけるので、相手が断ってきた時に焦らずに対応することができます。

この伝え方でしたら、断るのが苦手な方も取り入れやすいでしょう。

部下に仕事を頼んでいるのが他部署の場合もあります。その際は、リーダーが他部署のリーダーにこの旨を伝えるとともに、簡単に仕事を頼みにくい人を窓口にするなど、仕組みから変えるのも有効です。

仕事を抱えている部下は、上司に密告したように思われるのではないかと心配するかもしれませんが、ここはリーダーとして部下をしっかり守ってください。断れない状況の場合、ハラスメントに抵触している可能性もあります。

近年増えている「年上部下」を味方につける方法

年功序列制の崩壊により、リーダーの下に「年上部下」が配属されることが増えました。その対応に悩んでいるリーダーからの悩み相談もよく受けます。

「年上部下」にはそれぞれ特徴があり、こうと一括《ひとくく》りにするのは簡単ではありませんが、私が研修やコンサルティングを通して見てきたなかでは、「年上部下」は、

・管理職でなくなったが、気持ちは管理職の人
・定年まで無難に過ごせればいいと考えている人
・管理職になったことがない人

の主に3つのタイプに分かれます。

1 管理職ではなくなったが、気持ちは管理職の人

一定の年齢になり役職定年になった人、場合によっては降格人事で管理職を解かれた人などが当てはまります。

このタイプの人は、自分はただ役職がなくなっただけで、立場はほとんど変わっていないと思っています。

チームのメンバーのほとんどは年齢も経験も自分より浅いので、勝手にアドバイスをしたり、時には何かを命令したりします。大きな声でまくし立てる人も少なくありません。リーダーにとっては非常に対応が難しい存在でしょう。

このタイプの人には、毅然《きぜん》と接したほうがいいでしょう。ただ、いきなり何かを言っても聞きませんし、逆に反発してきます。そこで、「基本的には自由にしていいですが、部下（後輩）にアドバイスをする時は、ここだけは注意してください」とポイントを伝えます。

このタイプの人が指示命令をすると部下にとっては上司が2人になり、混乱してしまいます。また、このタイプのなかには、昔ながらの上下関係を求め、ハラスメントのような振る舞いをしてしまう人もいます。

こういったタイプの人を動かすリーダーは、見えないところで、まずその人をほめます。前に述べた、本人のいないところでほめる「陰ほめ」をするのです。

具体的には同僚や部下の前で、次のようにほめます。

「Aさんの話の組み立て方って、本当に勉強になるよ」

「Aさんには営業の基本を教えてもらった。当時は厳しかったけれど、今は本当に感謝してるよ」

時には他の部下に、「あの商品のことならAさんに聞くといいよ」とアドバイスを仰ぐようすすめます。何かの折に自分のことを認めてくれているのだなということがわかれば、意外にこのタイプの人は接しやすく、時に味方になってくれるものです。直接「Aさん、期待してますよ」「Aさん、教えてください」と言うより、信憑性《しんぴょうせい》があるように感じてもらえる効果があります。

2 定年まで無難に過ごせればいいと考えている人

あるリーダーの下に、定年まであと2年のBさんという人が異動してきました。**このタ**

イプの人は、とにかく失敗を嫌います。あと2年、無難に過ごしたい、だから減点されたくないと感じているのです。

新たな仕事をお願いしても、「かつて私もやろうとしたのですが、うちの会社では難しいですよ。失敗した人がいました」と前例を出したりして断ってきます。新しい仕事より、ほぼ100％うまくいく「無難なルーティンワーク」ばかりやりたがる傾向にあります。

厳しい見方ですが、このような「年上部下」には、不器用だったがゆえに、今のポジションになってしまった人も少なくありません。

そこで、あまり過大な期待はせず、できる仕事をやってもらいます。

得意な分野で責任のある仕事をやってもらい、できるだけ苦手な仕事には目をつぶります。他のメンバーにフォローしてもらうのもありでしょう。逆に得意な分野では、若手の育成担当になってもらうといいでしょう。

なお、このタイプの「年上部下」に対しては、得意な分野をさりげなくリサーチしてしておくといいでしょう。

そんな時、とっておきのツールがあります。心理学者ジョン・L・ホランドが唱えた

「ホランドの六角形モデル」で、仕事のタイプを以下の6つに分けています。

・現実的……道具・機会を使う、職人的な仕事
・研究的……調査、研究、考える仕事
・芸術的……感性を使う、デザイン、クリエイティブな仕事
・社会的……人と接する、支援する、教える仕事
・企業的……組織を運営する仕事、人や社会を動かす仕事
・慣習的……規則的な仕事、マニュアルがしっかりしている仕事

このなかから「年上部下」の得意な分野を見極め、本人が望む傾向の仕事を担当してもらえばいいのです。

ただし、大きすぎる期待はしないようにしましょう。

3 管理職になったことがない人

このタイプの「年上部下」は、不器用だったというのもありますが、それ以上に自信の

ない人が少なくありません。例を挙げると、ミスが多い、営業成績が低迷していて、違う部署に行ったけれど結果が出せなかった、などがあります。

ただ、残念ながら、40代後半にもなっても平社員の場合、ある程度は会社員生活の先は見えてきてしまうものです。しかも、昨今は早期退職制度の年齢が低年齢化していたり、人事評価制度の年齢に上限が設けられていたりと、なかなかこの年代の社員のモチベーションを上げづらい状況になっていることが多いものです。

そこで、**このタイプの「年上部下」には、承認欲求を満たすようにする**必要があります。

1 のタイプ同様に、第三者の前で「Cさんは、データ入力とか私の苦手なことをしっかりやってくれて助かるんだよ」「Cさんは、〇〇の分野に詳しくて助かるよ」と「陰ほめ」をします。

また、このタイプの人には成功体験をすることで自信を持ってもらうことが大切です。上司や他部署の人に、「Cさんなら着実に仕事を進めてくれるから、頼むといいですよ」などと仕事を頼まれる流れをつくってあげるのも1つの方法です。

「Z世代」の若手部下に響くキーワードは「社外」

「Z世代の部下とのコミュニケーションがうまくいきません」という悩みを聞くことが増えました。

Z世代とは、1990年代半ばから2010年代初めに生まれた世代で、2024年の時点で10代〜30歳手前くらいの人たちをいいます。

ヒアリングをしていてよく感じるのが、「Z世代は特殊ではない」ということです。ただ、育ってきた時代がバブル崩壊後の「失われた30年」に当たるため、リーダーの世代と価値観が大きく異なっているのです。

それには、先行きが不透明なことも影響しています。

かつての終身雇用制の時代なら、社内の先輩を見ていれば、10年後、20年後、30年後の自分の姿を、ある程度想像することができました。

しかし、今は企業の寿命が人間の寿命より短いと言われる時代です。また、ITやAIなどの発達のスピードも速くなっています。10年前に多くの人が使っていたデジタルカメラやガラケーなどを使っている人は、今はもうほとんどいません。新たなビジネスモデルが既存のビジネスモデルを完全に破壊してしまうケースは、これからますます増えていくでしょう。

そのため、Z世代のメンバーは、それより前の世代以上に、

・今の会社でやっている仕事が将来につながるか
・今の会社は居心地がいいが、このままでは成長スピードが遅くなってしまう気がする
・別の会社の同じ年の人と話していて、自分は遅れている気がする

など、将来のキャリアに不安を感じています。

実は、ここにリーダーの世代とのズレがあるのです。

例えば、リーダーの世代は「石の上にも3年」といって、最初の3年は下積み、次の3年で独り立ちし、次の3年で後輩を教える役割を持つというのがキャリアの積み方でした。

しかも、スキルアップも社内を限定していました。

「3年後に主任を目指そう」
「将来、どの部署に行きたい？」
「人事部に行くには、後輩のマネジメントを覚えておかないと」

「マーケティング部に行くには、○○さんとつながっておくといいぞ」

かつて言われていたこれらのアドバイスは、Z世代には通用しません。**Z世代は会社を超えて通用するスキルを身につけたいと思っている**からです。

できるリーダーは、そのことをよく理解しており、1on1ミーティングをする際も、「将来、マーケティング部に行くには？」ではなく「マーケティングの専門家として業界で通用するには？」、「営業成績をアップさせるには？」ではなく「どんなモノでも売れる営業マンになるには？」といった形で話しています。

さらには部下に、社内だけで通用する専門スキルではなく、他社に移っても持っていけるポータブルスキルを身につけてもらおうと考えて仕事を割り振るといいでしょう。ポータブルスキルには、次のようなものがあります。

・コミュニケーション能力……話すことや書くことなどの伝える力
・論理的思考能力……データや情報を分析し、論理的に考える力
・問題解決力……理想と現状の違いから問題を抽出し、解決に当たる力

・交渉力……相手の意見を尊重しながらも、よい条件を引き出す力
・プレゼンテーション力……わかりやすく魅力的に伝える力
・データ分析力……データを収集し、仮説を構築する力
・タイムマネジメント力……時間対効果を高める力

仕事を通して「自分はどこでもやっていける」という自信がつけば、部下は大きく成長していくでしょう。

部下の仕事に干渉しすぎない

細かいところまで部下の行動を管理し、過干渉してしまうことを「マイクロマネジメント」と言います。マイクロマネジメントをしてしまうと、部下をつぶしてしまうことにもなりかねません。

できるリーダーほど、部下にも自分と同じような仕事の量と質を求めてしまいがちですが、そもそも人は弱いものです。時にサボってしまうこともあるでしょう。フルスロット

ルで働いている人なんて、そういません。仮に1日8時間、ずっと集中力マックスで週5日働き続けられる人がいたとしたら、相当希少な存在でしょう。

野球で考えてみてください。どんなに実力のある先発投手でも、1回から9回まで全力投球をしているわけではありません。そんなことをしていたら、9回まで持たずに打ち込まれてしまいます。

だからこそ、一流のピッチャーは、3番打者や4番打者のような強打者に対しては全力で勝負にいき、下位の打者に対しては少ない球で打たせて取るようにして力をセーブしているのです。

ビジネスも同じです、毎日、朝から夕方まで、全力を出し続けることができる人はいません。仮に月曜日はフルスロットルで仕事ができても、木曜日には疲れ果ててしまうでしょう。

また、すべてのことに全力を注ぎ、完璧にしようとしても、パワーが持ちませんし、時間も足りなくなります。その結果、どんなに残業しても仕事がたまり続けてしまいます。

そうならないためには**「テキトー」がキーワード**です。テキトーというと、サボりや欠陥品をつくるなど、悪いイメージで受け取られがちですが、本来の「適当」とは、「適正な案配」を意味するものです。

つまり、重要度に応じて取捨選択したり、優先順位をつけたりすることが大切なのです。イタリアの経済学者ヴィルフレド・パレートが発見した**「パレートの法則」**というものがあります。20％の顧客が売上の80％の利益を生み出すというものですが、これは仕事にも当てはまります。**重要な20％の仕事が、80％の成果を生み出している**のです。

だから、私たちは本当に重要な20％に力を入れて、重要性の低い80％はできるだけ「テキトー」にすべきなのです。

部下の仕事についても同様です。

常に100％の力で仕事に取り組むように促すのではなく、20％の仕事で80％の成果を出してくれればいい、と考え、部下の裁量に任せることが大切です。なかなか結果が出ない場合にはフォローする必要がありますが、それまではリーダーがあえて口に出さないようにしましょう。

第3章

リーダーのフィードバックは「準備」が9割

その「ほめ方」では、かえって部下の信頼をなくす！

仕事のフィードバックをする時、とりあえず部下をほめておけばいいという風潮がありますが、実はこれは危険です。

場合によっては、ほめられることで、おだてていると取られたり、リーダーは自分のことをよく見ていないと思われたりと、かえって部下からの信頼をなくす可能性があるからです。

このように思われないために、人を動かすほめ方を紹介していきましょう。

1 「サ行ほめ言葉」＋αでほめる

おだてているように思われる代表的な言葉として、「サ行ほめ言葉」があります。「さすがだね」「知らなかった」「すごいね」「センスがいいね」「そうなんですか」といったサ行から始まる言葉のことです。

このように言われて喜ぶ人もいますが、逆におだてられていると思う人もいます。そう思われないためには、ほめ言葉に「理由」をプラスする必要があります。

その際、**「私」を主語にする「Iメッセージ」を使います。**

「○○エリアの業績改善、6カ月くらいを見込んでたよ。2カ月で改善するなんて、（私は）素晴らしいと思ったよ」

「早く仕上げてくれてありがとう。さすがだね。私だったら3倍くらいかかると思うよ」

「あなた」「○○さん」といった相手を主語にする言い方は「上から目線」と思われてしまうかもしれませんが、「私はこう思った」という伝え方なら、相手も素直に受け取れるでしょう。

また、「秘訣を教えて」などと付け加えるのもいいですね。「教えて」という言い方に、相手はリスペクトされているなと感じます。

2 ほめるポイントをできるだけ絞り込む

「さっきの会議のプレゼン、よかったよ」

↓

「さっきの会議のプレゼン、データを明示して理由を述べていたので説得力があってよかったよ」

「会議資料、わかりやすいね」
↓
「会議資料に持ってきたデータ、説得力があったね。どうやってデータを選んでいるの？」

あとの言い方のほうが、**ほめポイント**を限定しています。このようにポイントを絞ってほめられると、言われた人もお世辞やうわべだけの言葉ではないと感じます。

3 相手が不快になるような気持ちを伝えない

「やればできるじゃん」
「意外に詳しいんだね」
こういったほめ方をされると、「じゃあ、以前はダメだったというの？」と思われる場合もあります。

「すごくわかりやすいですね」

「エクセル関数、詳しいんだね」

のように、余計な言葉は発せず、ストレートに伝えましょう。

4 能力をほめない

部下の能力をほめているリーダーは少なくないかと思います。

よくあるのは、「Aさんは仕事ができる」という抽象的なほめ方です。他にも「コミュニケーション能力が高いね」「分析が鋭いね」「発想が豊かだね」といった、その人の持っている性質・特徴をほめる方法があります。

しかし、これは望ましくありません。能力をほめると、ほめる側の主観が入りやすいのと同時に、部下に油断をさせてしまうかもしれないからです。

叱る目的は部下の行動改善であるように、ほめる目的はその行動の再現性を高めることと、承認欲求を高めてさらなる行動を引き出したいからでしょう。そう考えると、**能力をほめることは、「自分はこれでいいんだ」と部下の成長を止めることにつながりかねません。**

また、先ほどと同様に、「上から目線」に感じる場合もあります。

「○○さんはどうやって資料作成を学んだの？」

「○○さんの今回の企画の切り口には、そんな視点があったんだと驚いたよ。ちなみにアイデアを出すために何か本を読んだり、工夫をしているの？」

このように**後天的努力に触れる**ようにしましょう。

5 外見をほめない

「○○さんは爽やかな雰囲気だよね」

「○○さんって俳優の△△に似てるよね」

「○○さんって背が高くてかっこいいよね」

一見使ってしまいがちなほめ言葉です。しかし、外見を対象としたほめ方は避けたほうがいいでしょう。誰もが知っている有名な俳優に似ているというほめ方は、言った側がいいと思っても、言われた側が実はその人を好きではないかもしれません。

背が高い、やせているといった、人からうらやまれるだろうと思われる外見も、本人は

コンプレックスを感じているかもしれません。私も以前、１８０㎝台後半の人をほめたら「目立って嫌なんですよね」との言葉が返ってきたことがあります。

それ以外に、服装などをほめるのも危険です。

「そのピンク、春らしくていいね」

「髪型変えたんだね。ショートが似合うね」

「そんなところを見てるのか」とセクハラに思われるかもしれません。また、外見ばかりほめられている人の多くは、中身を見てほしいと思っています。外見の変化をほめたほうがいいというのは、あくまでプライベートの関係においてだと思っておいてください。

ただし、肌に触れていないもので、女性から男性、男性同士でほめるのはいいでしょう。

「初夏に合った涼しげな色のネクタイだね。どうやって選んでるの？」

「青色のボールペン、すごくきれいでテンションが上がるね。私も買おうかな」

などという言い方ならＯＫです。

6 誰かと比較してほめない

「同期のBさんには、だいぶ差をつけたね」

「Aさんは成績を上げているし、Cさんのようにならないから安心だね」

以前、好成績の部下を、成績が芳しくない同期と比較してこのようにほめたら、すごく不安そうにされ、こう言われたことがあります。

「今はいいですが、私もいつまで結果を残せるかわかりません。結果が落ちたらCさんのようにならないか心配です」

そこでこういった場合には、**本人の以前の状態と比較してほめる**ようにします。

「新規顧客が3件から8件に伸びているけど、要因は何かな？」

「以前より資料作成のスピードが上がった感じがするね。どんな取り組みをしてるの？」

これなら事実をほめているので、部下も納得してくれます。また、再現性を高めるためのポイントに気づけるかもしれません。部下の成長を促すことにつながり一石二鳥です。

――リーダーが10％だけプレイヤーの仕事をすることのメリット

リーダーはプレイヤーではありません。しかし、リーダーも最低限の商品知識および業務の全体像は把握しておく必要があります。

仮にあなたが営業マネジャーなら、部下の取引先の細かい特徴までは知る必要はありませんが、会社名、おおよその売上金額、どんな担当者か、注意点などは知っておくべきです。特にプロジェクトリーダーなら、全体像が見えていないと、どこでつまずいているかに気づくことができません。

私がリーダーのみなさんにおすすめしているのが、**自分の業務時間の10%をプレイヤーとしての仕事に充てる**ことです。現場仕事をしておくと、部下の視点に気づけるというメリットもあります。

「みんなの仕事を手伝いたい」「現場に出ていれば気づきがあるから」などとメンバーに話して、逆にプレイヤーとしての仕事を自らつくっていくといいでしょう。

ただし、大切なのは「あくまで本業はリーダーである」という自覚です。プレイヤーとしての仕事に振り回されて、リーダーの仕事ができないとなっては本末転倒です。

10%の時間を取るのも難しいという方は、そのためにムダな業務を削減できないかも考えてみましょう。

よくあるのが、異動してきたり転職してきたリーダーが、部下の仕事を把握していけないケースです。部下も自分の仕事を100%わかってほしいとは思っていないでしょうが、まったく把握しようとしていない人に対しては信頼しないでしょう。

だからといって、自分がわからないことを細かく部下に質問すると、部下はそこに時間を取られてしまい、逆に面倒な上司と思われてしまいます。

そこでリーダーは、**「見えないところ」で自ら知識を仕入れようとする**必要があるのです。

今はYouTubeなどで学べる内容も多いし、書店に行けば、ある程度のことはわかるものです。「部下に質問されないから大丈夫」というのは間違いであり、「質問されないのは信頼されていないからだ」くらいに考えておいたほうがいいでしょう。

「それは部下がやっていることで、私はタッチしていないからわからない」「部下の専門分野だから私にはわからない」と言うリーダーには、誰も信頼を寄せません。

「私の専門は○○」と言って、その分野にしか興味を持たないのでは、視野も狭くなってしまいます。それでは、部下に相談されても、業界特有のありきたりなアイデアしか出てこないでしょう。

部下の「臨機応変力」を育てるには

「部下が1回1回聞かないと前に進めず、何度も質問に来て時間を取られる」

「臨機応変に動いてくれない」

「勝手に判断して結局ムダになる」

このような悩みを抱えていませんか。

部下や後輩からすると、リーダーにはこちらが思っている以上に圧を感じているため、1件1件質問するのは避けたいと思っているものです。

そこでリーダーが「○○ならA案で」「□□ならB案で」など、あらかじめ「こうなったらこうする」という条件分岐を示しておくと、仕事がスムーズに進みます。

「25日の16時までに納品してくれるなら、通常の注文で」

「もし届かないようなら、スピード対応をしてくれる○○社で」

など、イレギュラーが起きた時を想定して頼むようにするのです。

営業などの場合もそうでしょう。あるリーダーは、部下がお客様との交渉がうまくできず、「○○社の見積もり、400万円では高いそうです。380万円ならいいですか?」などと、いちいち相談してくることにイライラしていました。

このような場合は、「今月中にオーダーしてくれるなら370万円まで下げてもいいよ」といった条件を部下に示しておけばいいのです。

あらかじめ条件分岐をしておけば、間違いも起こりにくいし、いちいち上司に聞かないと判断できないという状態は避けられます。その場で即対応できるので、相手からの印象もよくなるでしょう。

部下を上手に動かせるリーダーは、**あらかじめ「この場合はこれで」という想定をいくつか準備しているの**です。

叱るにも「準備」が必要

最近では、叱るとひどく落ち込んだり、下手をすると退職をしてしまうかもしれないと思って、部下を叱らないリーダーが増えています。

しかし、**部下を叱らないとむしろ退職する部下が出てしまう**、と言ったら驚かれるでしょうか。

Z世代の部下の退職理由の上位に入ってくるのが、「成長できない環境だと思ったから」という理由です。「今の状態では将来に不安を感じる」と、成長できる環境の職場に転職してしまうのです。

また、ネガティブなフィードバックでも、部下にきちんと伝えないと成長につながらず、同時にチームも成長できません。だから叱る必要があるのです。

叱って失敗してしまうのは、単に「叱り方」がよくないからです。

部下をうまく動かせるリーダーは、この点を強く意識して、**叱る「準備」**をしているのです。

準備には、大きく分けて3つのステップがあります。

ステップ1 感情を整える

叱る際の失敗で最も多いのが、「怒る」になってしまうことです。「叱る」と「怒る」の違いは、前者が部下の行動改善のためであるのに対し、後者は自分の感情の発散、悪い言い方をすると自分のストレス解消のためと言えます。

そうならないためにも冷静である必要があります。

そこでまずは、怒りに振り回されないよう、感情をフラットに整えます。

26ページで紹介した「部下ノート」などを見て、叱る対象である部下のいい点を思い出します。このプロセスを踏むことで、「失敗した部下を憎まない。今回の行動がよくなかっただけだ。行動改善をしてもらえばいいのだから」と考えるようになります。

また、のちほど紹介する、心を整える「儀式」を行うのもいいでしょう。

ステップ2　場所と時間を選ぶ

叱る時は1対1がよいでしょう。またできるだけ早く叱るのが鉄則ですが、できるなら**火曜日から木曜日の午後1時から3時の時間帯**がいいでしょう。

このタイミングをすすめるのには、理由があります。

週の初めである月曜日に叱ると、落ち込みながら仕事をスタートすることになりますし、午前中に叱ると一番能率が上がる時間帯をムダにしてしまいます。また、人は叱られたあと、取り返したいと思うものです。週の終わりである金曜日や夕方に近い時間帯に叱ると、落ち込んだまま業務が終了し、取り返すことができません。

そこで一番いいのが、月、金を避けた午後の1時から3時なのです。このタイミングなら、「次は取り返すぞ」と別の仕事をしたりして引きずらずにすみます。また、昼食後で眠くなったり比較的能率が下がる時間帯なので、作業をするより打ち合わせなどに適しているというメリットもあります。

このように、部下を動かすリーダーは「叱る時間帯」まで意識しているのです。

その前の**声かけも準備**しておきます。

午後1時に部下から報告を受け、「A社の件、今日の午後3時から話そうか」と言ったら、部下は2時間、仕事に集中できないでしょう。「何を言われるのだろうか」とブルーな気持ちで仕事が手につかなくなってしまうからです。

この場合、「A社の件、今後の対策を3時から話そう。何かいい方法を見つけよう」「今後ミスが起こらないための対策を考えよう」と不要な心配をさせないための言葉を用意しておきます。

ステップ3 シナリオをプランニングする

叱る時は、思いつきで話すのではなく、**どのように伝えたら効果的なのかを、事前に組み立てておく**ことが肝心です。ここでは2つのポイントを挙げておきます。

①順番を決めておく

叱るうえで重要なのが「順番」です。

いきなり改善点を指摘されると、イラッとする部下もいるでしょう。あるいは必要以上に落ち込んで、蛇に睨《にら》まれた蛙《かえる》のように萎縮してしまう部下も出てきます。

前に部下はリーダーに圧を感じていると述べましたが、叱られている時はなおさらです。解決方法を考えようとすることができなくなり、ひたすら「すみません、すみません。以後気をつけます」と繰り返すばかりになってしまいます。

叱るのは、部下を責めることが目的ではありません。そもそも誰しも叱られるような失敗をしたことは反省しています。これ以上反省させても意味はありません。

無理やり書かせた反省文、顛末書、始末書が機能せず、同じ失敗を繰り返すのは、行動改善の方法が明確になっていないからです。それどころか、強く反省させようとすると、

「またミスしたらどうしよう」という心配が部下の頭のなかを占め、目の前の仕事どころではなくなってしまいます。当然、集中力も低下しますから、結果的にまたミスをしてしまうのです。

そこで、叱る際の話の順番として、「ねぎらい→事実確認→要因のヒアリング→改善案の検討→ヒントを出す→回復させる（レジリエンス）」で進めていきます。

（例）

・ねぎらい……「A社の件、大変だったな」
・事実確認……「今回、お客様との食い違いはこうだったよね」
・要因のヒアリング……「どの点が問題だったのかな？」
・改善案の検討……「今後はどのように対応していこうか。また同じようなミスをしないためにはどうしたらいいかも考えよう」
・ヒントを出す……「メールのやりとりをドキュメントで残しておくのはどうだろうか？」
・回復させる（レジリエンス）……「よし、次からはそうしよう。頑張っていこう」

②叱る内容を絞り込む

かつて私がコーチングをしていた経営者の方で、部下が萎縮しているという相談を受けたことがあります。

「1日にどれくらいの回数を叱っていますか？」と聞いたところ、多い時は10回という答えでした。

人は一度に多くのことを指摘されても、一気に改善することはできません。また、強く落ち込んだり、あるいは反発したり、時にはその場から逃れるための言い訳をしようとするかもしれません。

叱る内容は多くても3つまでに絞る。そのうえで、まず最初に直してほしいことを1つに絞って伝えるようにしましょう。

メールやチャットでのコミュニケーションの注意点

最近では、対面ではなくメールやチャットで部下とやりとりするのも、コミュニケーシヨンとして当たり前になりつつあります。ただ、**メールやチャットは相手の表情が見えないので、こちらの意図と違った受け取り方をされる可能性があります。**

ここでは「やってはいけないこと」を3点紹介します。

1 1行メールを送らない

ビジネス書のなかには、「メールは1行にしよう」と書いているものがあります。タイパ（タイムパフォーマンス：時間対効果）を意識されているのかもしれませんが、私はこの1行メールには反対です。

仮にあなたが別の部署から、「明日17時までにアンケートの回答をメールでください」とだけ言われたら、相手に好感を持つでしょうか。なんだか横柄に感じませんか。

社内であっても、ひと言「お忙しいところ申し訳ありませんが、よろしくお願いします」くらいはつけたほうがいいでしょう。

社内では「お疲れ様」を省こうという意見もありますが、最後のひと言、文末は相手の印象に残りやすいので、締めの一文だけでもつけておくことをおすすめします。

時間がもったいないと言う方もいるかもしれませんが、ひと手間かけたとしても、せいぜい数秒です。タイパが気になる場合は、単語登録をしておけばいいでしょう。

2 ハートマークは送らない

社内のメッセージに関しては、絵文字はもちろん、スタンプを使うのもいいでしょう。最近は年代を問わず、スタンプを使う人も出てきています。

スタンプを使えば、文字だけでは相手に気持ちが伝わらない場合も補完され、柔らかさが出ます。改善を指摘したあとのメッセージでは、「期待しているよ」「頑張れ」などと文字を書くより、ユニークなスタンプを送ったほうがいいという声も耳にします。「スタンプのほうが建前の励ましでなく、心からの励ましだと感じる」との声もあります。

社内のグループチャットでは、リーダー自らスタンプなどを使ってライトな雰囲気をつくり出していくのもいいでしょう。

しかし、ここで気をつけたいのが「ハートマーク」、なかでも女性部下が「ハートマーク」を送ってきた場合です。というのも、たまに女性の「ハートマーク」を誤解する男性がいるのです。

女性からすれば挨拶のようなもので、「特に意味はない」ということがほとんどです。

つまり、句読点の代わりに入れているようなものなのです。

今は「スタンプハラスメント」などという言葉もあるそうですから、このような誤解を生みやすい「ハートマーク」は、私も一切使わないようにしています。

例外として、SNSの投稿に対しての「いいね」ボタンの種類の1つである「ハートマーク」なら問題はないかと思います。

3 チャットの場合でも「主語抜き」「体言止め」は注意

チャットはメールよりも簡単な表現でかまいませんが、相手に圧迫感を与えないように注意する必要があります。

気にしすぎと思う方もいるかもしれませんが、相手への伝わり方は大切です。こちらは大して気にしなくてもぶっきらぼうな感じがして、「今日のリーダーは機嫌が悪いのかな?」「怒っているのかな?」と思う部下もいるかもしれません。

代表的なのが体言止めです。体言止めとは、文末を名詞や代名詞で終わらせるテクニックです。ただ、文字数が減ってタイトになり、リズム感が出てきて読みやすくなる一方、ぶっきらぼうさを感じさせることもあります。

そこで、「明日の会議は16時開始」ではなく、「明日の会議は16時開始です」と書くことをおすすめします。

冒頭に「助詞のない名詞」を持ってくる場合も、注意が必要です。

「報告書、提出してください」ではなく、「報告書を提出してください」としたほうが、ぶっきらぼうな印象を与えずにすみます。

短いからこそ、ぶっきらぼうさは目立ちます。日本人は行間を読む傾向があるので、相手がぶっきらぼうに感じないか、書いたら送る前に必ずチェックしましょう。

第4章

上司や他部署に味方されるリーダーの「気づかい」

上司に貢献できるリーダーは、結果的に得をする

リーダーは部下を抱える一方で、自分もまた上司から見れば部下に当たります。

1人でマネジメントできる人数の限界は4〜6人といわれています。つまり、**リーダーは上司をうまく補佐する役割も求められている**のです。

私はこれを「貢献力」と呼んでいます。具体的には次のようなことができるといいでしょう。

・自分の担当業務以外でも、組織が成果を上げるために必要な仕事なら率先して手伝う
・自分が持っている意欲や知識、ノウハウを出し惜しみせず、シェアしている
・上司の「翻訳者」となって、後輩に時には厳しく指導する
・上司と後輩の間に対立が起きた時、仲介役として両者の関係が良好になるように働きかける

要は「上司満足度」を高めるために、アシストしていくということです。

また、時に**上司のモチベーションを上げたり、上司の評価を上げるのもリーダーの役割**といえます。この場合、ただのおべっかにならないように、

「○○社のコンペに勝てたのは、部長に相談に乗っていただいたおかげです」

「先日の会議終了後、□□（部下）に声をかけていただいたようで、□□もモチベーションが上がったと言ってました」

などと具体的なプロセスに言及しながら、感謝の言葉を「Iメッセージ」で伝えます。

また、上司の評価を上げるために、上司の上司に「上司の功績」を伝えることも必要です。

特に上司が結果を出した場合、「役職者なんだから、やって当たり前だろう」と見られがちです。上司の上司は結果しか見ず、それも基準が高くなっています。上司自身もそのことはわかっており、アピールもしないものです。

そこで、上司の代わりに、見えないところでリーダーが上司の上司にアピールするので

す。

「○○部長に相談したおかげで、大口顧客A社の契約が取れたのです」
「○○部長に経費削減の相談をしたおかげで、10%ダウンできました」

と、上司の上司にほめ言葉を伝えます。

このようにすると、「自分の功績が上司の手柄になってしまうのではないか」と危惧《きぐ》される方もいるかもしれません。

それでいいのです。上司に手柄を譲りましょう。なぜなら、**結果的にそのほうが得をするからです。**

上司は、陰で自分をほめてくれた、自分の評価を高めてくれたあなたに感謝の気持ちを持つでしょう。そして、当然のごとく、それはあなたに返ってきます。あなたの評価を上げようとしてくれます。いわゆる**「返報性の原理」**が生じるのです。

できるリーダーが兼ね備えている「批判力」

このように、上司への「貢献力」を持っておく一方で、昨今では上司を批判する「批判力」も求められるようになりました。

これは上司をやり込めるという意味ではありません。前にも述べたように、先行き不透明な今の時代は、上司といえども100％の正解を出すのが難しくなっています。そこで、**組織全体で成果を上げていくために、アドバイスや反対意見、時には本人にとって耳の痛いことでも進言する必要がある**のです。

私は、この「批判力」と「貢献力」という2つの軸をもとにして、上司に対する部下としてのあり方を、以下の4つのタイプに分けています。

1 傍観者タイプ

「貢献力」も「批判力」も低いタイプです。

いい言い方をすれば、客観的な視点で物事を見ていて、たまに核心をついてくることがありますが、自分事ではないのが特徴です。

「うちの会社、今さら○○に力を入れても、もう遅いよね」

「社長はもっと広告費を投入すればいいのに」

といったように、評論家のように口には出すけれど、何もしないタイプです。

2 反逆者タイプ

「貢献力」は低いけれど、「批判力」は高いタイプです。

チームの方向性や上司の考え方に異を唱えてはくれますが、貢献はしません。

特に、自分のほうが上司より経験が長かったり年齢が高かったりする場合、上司に貢献せず批判ばかりしてしまいがちです。

また、注意しないといけないのが、批判を貢献と勘違いしている場合です。

確かに、結果的に上司の考えを是正し、チームをよい方向に導くこともあります。しかし、上司も批判するばかりで貢献してくれない部下に対しては、いい印象は持たないでしょう。

3 イエスマンタイプ

「貢献力」は高いけれど、「批判力」は低いタイプです。

気くばり上手であり、頼まれればすぐに動く、言われた仕事に対する成果物のレベルが

― 部下としてのあり方 ―

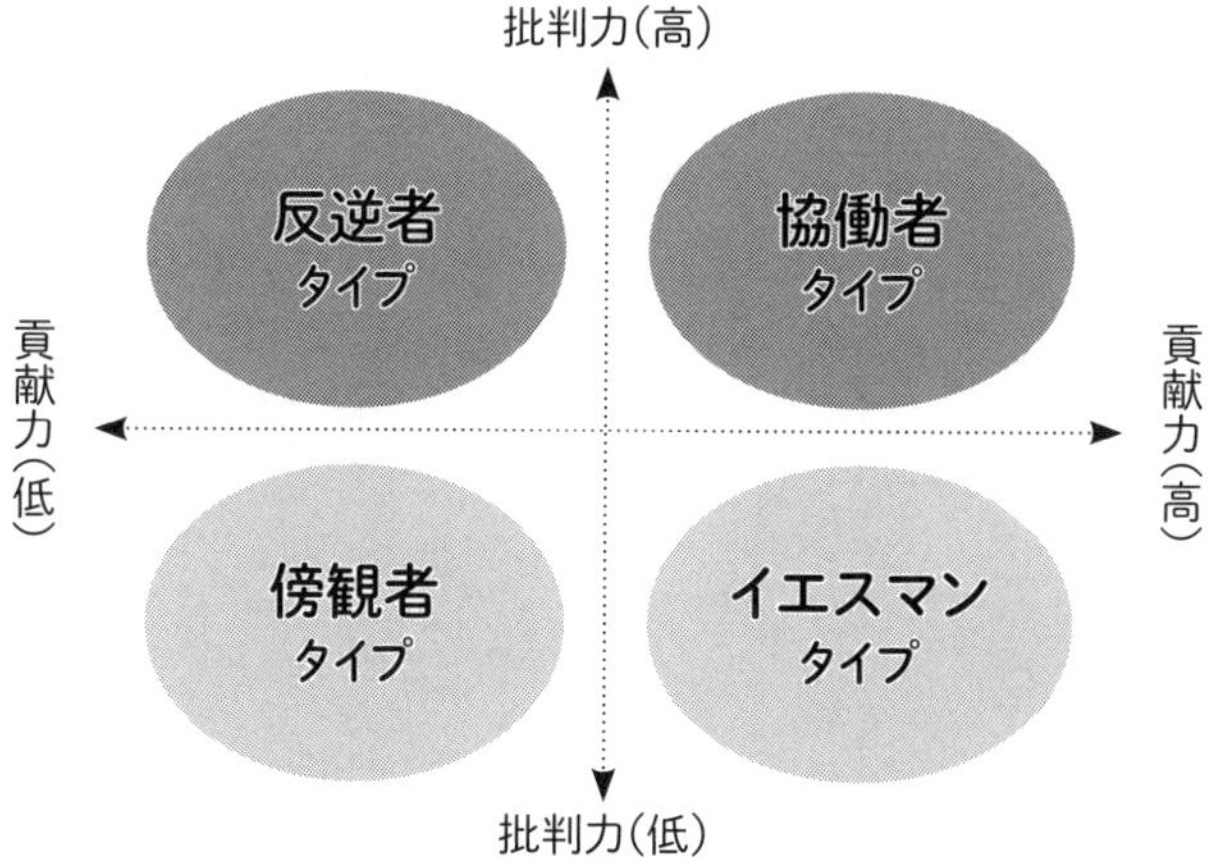

高い、上司の考えをうまく翻訳して部下に伝えるなど、上司からすると助かるタイプです。

高度経済成長期には、上司に異を唱えることなく言われた通りに動く、このような人が高く評価されていました。

しかし、前にも述べたように、今は変化のスピードも激しいうえに、先を予測するのが難しい時代です。特に逆境に陥った場合、何でも「はい」しか言わないこのタイプの部下に対しては、評価が厳しくなるでしょう。

4 協働者タイプ

「貢献力」も「批判力」も高い、理想のタイプです。

先行き不透明な今の時代に評価されるのは、

このような上司に対して意見を述べてくれる部下です。上司に対して、「コンサルタント」「アドバイザー」「コーチ」といった役割が求められているのです。

ただ、そうは言っても上司も人間です。「反逆者タイプ」のように、いつも辛辣《しんらつ》な意見や耳の痛いことを言われていては、いい気がしないでしょう。

そこで「協働者タイプ」は、普段は上司のアシストをしっかり行って貢献し、チームのためになることを率先してやっていきます。そのうえで、時に上司に求められたら厳しい内容の意見を言う。あるいは上司の方向が間違っていると思った時には修正案を出します。たまに厳しい意見を出すからこそ、上司も耳を傾けてくれるのです。このタイプを目指していきましょう。


なお、具体的な「批判力」の高い行動には、次のようなものがあります。

・上司が迷っている時は、違う角度から意見を述べたり、助言している
・上司の方向性が間違っている場合、時に批判して、方向変換を提案する
・仕事の改善案や新規の提案を積極的に出している

・上司から指示を受けた際に、実行することでリスクがある場合、その旨を進言する

ただし、批判や反対をする場合、次の点に注意しましょう。

1 他の人がいないところで1対1で伝える

上司も周囲の目を気にします。他の人の目があるなかで、耳の痛いことを言われると、恥をかかされたという気持ちが強くなり、あなたへの心証がかなり悪くなる可能性があります。

時にヒートアップして、あなたに逆襲してくる場合もあるでしょう。その場合、あなた自身が恥をかいたり対立が激化したりと、いいことがありません。

2 第三者の前で上司批判を絶対にしない

たとえ正当な内容であっても、他のメンバーと話す際に上司の批判をしないことです。「あの戦術は間違っている」など、人格否定でなく、仕事に言及している場合も注意が必要です。

いないところで言った悪口でも、本人には伝わるものです。尾ひれがつくことも少なくありません。結果、上司との間に必ず亀裂が走ります。

社内に不要な敵をつくらないためにも、**「個人攻撃ではなく、あくまでも組織全体のためなのだ」**ということを意識しながら、「批判力」を磨いていくようにしてください。

上司のタイプによって、リーダーの役割も変わる

上司には、長所もあれば短所もあります。短所を補うためにもチームがあるのです。

「なぜ、うちの上司は〇〇ができないんだ」「うちの上司は分析力がないな」「話がすぐ飛んでわかりにくいな」「アイデアが出てこないんだよな」を、「うちの上司は〇〇が苦手。ならば私が補おう」と思うようにしましょう。

上司ができないこと、足りないことに焦点を当ててイライラするのではなく、上司の苦手分野をフォローすればいいと考えるのです。そもそも、すべてが100点の人はいませんから。

評価されるリーダーは、上司の苦手な部分を上手にアシストしています。

私は研修などで、仕事において4つのタイプに分けて対応するコミュニケーション術を紹介しています（89ページの図参照）。上司のタイプを見極め、仕事をフォローする際の参考にしてみてください。

1 支配者タイプ

最短の時間で、最大の成果を上げることを意識しています。そのため、意思決定に時間をかけることを好まず、提案書は1枚で簡潔なものを好みます。

また、何かを投資する場合もリターンが明確でないと賛成しないため、「手間がかからない」「見込める数字の根拠」を求めます。

また、非常に責任感が強いタイプで、自分にも他人にも厳しいところがあります。

ビジネスマンとして素晴らしい一面がありながらも、時に部下に厳しく当たりすぎてしまう傾向があります。無意識のうちにハラスメントをしてしまう場合もあるかもしれません。そのため、打たれ弱いメンバーがいる場合は、叱られたあとのフォローをしていくことが大切です。

また、あまり裏表がないのはいいのですが、ぶっきらぼうで厳しい言い方に聞こえてしまうこともあります。表情も厳しいので、言われた側が必要以上に落ち込んでしまうといったことも起こりがちです。

そのような場面では、この上司の部下であるリーダーが翻訳者になり、「上司が伝えたかったのはこの部分であり、修正することが大事。険しい表情だけれども、行動改善をしていけば大丈夫」と伝えてフォローしていきましょう。

2 分析家タイプ

リスクを非常に嫌う慎重なタイプです。時に過度にリスクを恐れ、データを集めることに時間をかけすぎたりします。

支配者タイプが「企画書は1枚で簡潔に」と言うのに対し、分析家タイプは時に数十枚の企画書を作成したりします。どこかに書いていないと何かあった時に不安だからです。

また、このタイプは論理的に考えたり話すのは得意なのですが、相手に気づかうのが苦手な人も多いでしょう。

また、細かい部分が気になる一方で、全体像を把握したりするのが苦手です。

― コミュニケーションの4タイプ ―

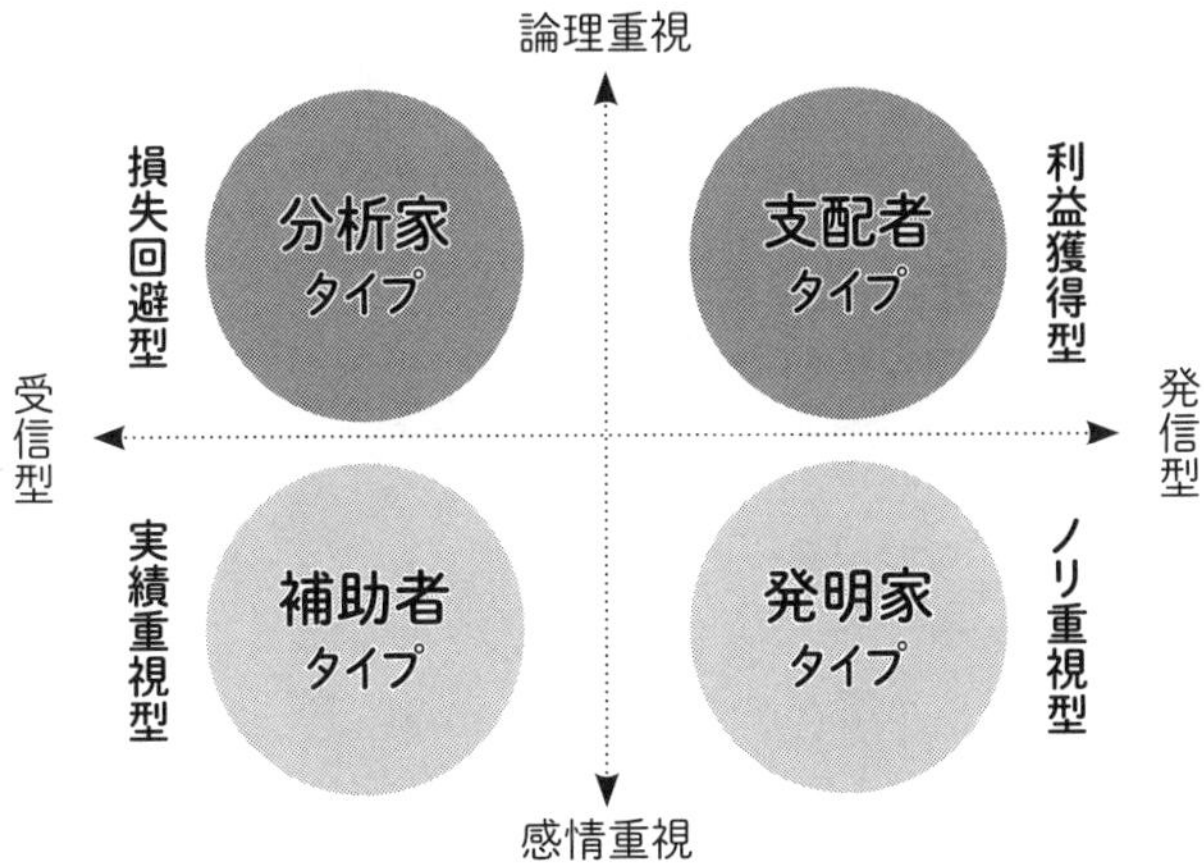

新しく何かを始めたり、創造するのも不得意なので、このタイプが上司なら、部下であるリーダーがクリエイティブなことを担当するのがいいでしょう。

あまり社交的ではなく、人とのコミュニケーションが苦手なので、代わりに他部署と交流を図り、上司をアシストすると喜ばれます。

3 補助者タイプ

穏やかで接しやすいタイプです。いつも笑顔で気配り上手です。

しかし、アイデアを出したり、論理的に考えるのはあまり得意ではありません。

みんなが嫌がることを率先してやる「縁の下の力持ち」的な存在ですが、優しくて、強いことを言えない傾向があります。

そこで部下が代わりに厳しいことを言って嫌われる役目になったり、プロジェクトを仕切るのもいいでしょう。

4 発明家タイプ

みんなを巻き込んで、新しいことをどんどんやりたがるタイプです。新規事業や新商品の開発など、アイデアを出すのが得意です。また、ワイワイガヤガヤするのも得意で、イベントが大好きです。

ただ、暗く低迷するチームを立て直したりする際にはいいのですが、アイデアベースで計画に落とし込むのが苦手な傾向があります。

ロジカルに分析するのも苦手なため、このタイプを補佐するには、分析家タイプのような役割をするといいでしょう。


上司が苦手なことを代わりにやると当然、感謝されます。

ただし、注意しておきたいのは、このような時でも陰で上司の批判をしないこと。「自分が支えているんだ」などといった過信も厳禁です。

また、「こういうのは苦手ですよね」などと言わずに、「○○部長、それ、いいアイデアですね。経営会議で決裁が取れるように、私はデータを集めておきますね」とポジティブに接するようにするといいでしょう。

「上司マーケティング」のすすめ

上司から信頼される人は、上司のこだわりのポイントをしっかり把握しています。いわゆる「上司マーケティング」がしっかりできているのです。

「上司マーケティング」というと、上司の家族構成や趣味、好きな食べ物、好きなスポーツチームなどを知ろうとすることだと思われるかもしれませんが、そうではありません。**仕事において、その上司が何を重視しているかをマーケティングする**のです。

例えば上司と話している際に、「コスト」「利益」「時間」「コミュニケーション」「お客様」「リスク」など、よく出てくるワードがあれば、それが上司が強く意識していることです。何かを提案する場合、そこを強く推せばいいのです。

例えば、

・コスト重視↓「1年にすると200万円のランニングコストが下がります」
・利益重視↓「サブスクを導入すると100万円の投資が必要ですが、6カ月以内には月250万円の売上が望めます」
・時間重視↓「このソフトを導入すれば、月20時間の入力時間を減らせます」
・コミュニケーション重視↓「月1回、マーケティング部と合同でランチ会をしましょう」
・お客様重視↓「大口顧客A社が廃盤になった商品の復活を望んでいます」
・リスク重視↓「B社と取引がなくなったとしても、月20万円の損害です」

といった具合です。

上司といい関係を築けるリーダーは、**上司の「報連相」に関しての考え方**も把握しています。

途中経過もしっかり知りたいタイプには、仮にメールの返信がなくても気にせず、小さなことでも報告は欠かさないでおきます。

相談したのに、あとから「俺は聞いてない」と言い出すタイプの上司には、決定の輪に入ってもらうのがいいでしょう。

「この3案がいいと思うのですが、部長はA案とB案とC案、どれがいいですか?」と複数案を提示して上司に決定してもらいます。決定に関与してもらえば、そのあとはスムーズに進むでしょう。

ただし、この場合「A案で進めますが、いいですよね」と1つの案をこちらが決めていて確認するという形式だと、あとから覆される恐れがありますので注意してください。

中間報告の時期はどこが望ましいかも、人によって違いがあります。上司への報告のベストタイミングを知っておきましょう。

上司にも気分の波はあって当然

もう1つ把握しておきたいのは、**上司のバイオリズム**です。日頃から上司をよく観察していると、

・どの時間帯が機嫌がいいか、あるいは機嫌が悪いか

・どの時間帯が仕事のパフォーマンスが上がる時間帯か、そうでないか
・声かけするのに適切な時間帯はいつか、そうでない時間帯はいつか
・誰と接した時にパフォーマンスが上がるか、落ちるか

といったことが見えてくるはずです。

上司に決裁を仰いだり、相談の時間を取ってもらう場合は、あらかじめメールで「今週木曜日か金曜日に30分ほどお時間をいただきたいのですが、ご都合はいかがでしょうか」と聞く必要があります。

しかし、このようなメール1本でも、配慮を忘れてはいけません。

仮に金曜日の午前中は定例会議が入っていて上司は出席しないといけない、しかも、それは修羅場のような会議で社長からの厳しい突っ込みが入る。前日は準備もあるし、時間を取りたくない、としましょう。

そうすると、このアポのメールでは、上司の気分を害してしまいます。

ここで、できるリーダーは、次のような聞き方をします。

「部長は、金曜日は定例会議でお忙しいかと思います。もちろん、前日も準備で大変だと

思います。よって金曜日の午後にお時間を30分ほどいただけないでしょうか。仮に金曜日の午後がご都合がつかないようでしたら、水曜日にお時間をいただけないでしょうか。誠に勝手ながら、A社への企画の提出期限が週明けの月曜日の9時なので、ご検討いただけますと幸いです」

あなたがこのようなメールを部下からもらった場合、前者と後者ではだいぶ印象が変わるのではないでしょうか。

後者は上司に対する配慮がなされています。その配慮をするには、上司の情報を把握しておかなければなりません。

できるリーダーは上司の都合を把握しようとしています。逆に上司の定例会議の時間帯はオープンになっているはずなのに、これも知らないようでは印象を悪くします。

ある企業の部長にコーチングをしていた時、こんな話が出ました。

「企画が通るかどうかって、内容も重要なんだけど、誰が出したかも結構重要なんですよね。同じ内容なのに、タイミングのいい時間帯に持ってくる人の企画は、多少難があってもつい通してしまうんです」

そうなんです。えこひいきはよくありませんが、気配り上手の部下には、つい甘くなってしまうものです。

ならば、気配りをしたほうがいいと思いませんか。そのためにも上司のバイオリズムを把握しておきましょう。

上司が信頼しているデータを使って話す

いきなりですが、ここで質問です。

仮に、あなたが新しく取り組む事業分野の関連書籍を探しているとします。以下の3人の、どの情報を信じますか？

Aさん　「学生時代の友人が言っていました」
Bさん　「Twitterで情報が流れてきました」
Cさん　「○○○○というビジネス誌で紹介されていました」

この場合、Cさんの意見を採用してしまうのではないでしょうか。

実は、3人ともその分野に詳しい専門家かもしれません。しかし、ビジネス雑誌で取材を受けているというバックボーンを信用してしまうのではないでしょうか。

上司に企画を通す場合、論拠やデータが必要になります。その場合、有名ビジネス誌や新聞など、信頼度が高いもののほうが説得力があるでしょう。したがって、データを探す場合は、**公共の情報、権威あるメディアの情報**にします。

また、これらの情報とともに信頼度の高いものが**「一次情報」**です。

ただし、一次情報に当たる場合は、

・自分から見て信用できる情報発信者か

・上司が信用する情報発信者か

という点に注意します。

例えば、離職率が高く、人材採用に苦労している会社があったとします。そんな折、知り合いのA社の社長から情報を得たとしましょう。そこで、

「A社ではYouTubeを配信しており、会社の雰囲気を知ったうえで応募してくるので、入社後にイメージがズレていると言われることがなくなったそうです。そこで我が社でも

YouTubeを開設したく思います。専門の会社にコンサルティングをお願いしたいのですが、よろしいでしょうか」

と部長に申請しました。

しかし、この場合、部長は首を縦に振ってくれない可能性があります。

これも出どころが問題です。A社の社長がいくら活躍していても、部長が信頼できないと思えば採用されません。

逆に、「自社の社長が言っていた」「部長が信頼するB社の社長が言っていた」と伝えれば、すぐに採用してもらえるでしょう。

「採用された企画」には、仕事のヒントが隠れている

私が会社員時代に、企画の採用率が非常に高い先輩Aさんがいました。彼は「見えないところ」で、**失敗事例を分析するより、とにかく成功事例を集めていた**のです。

普通は失敗要因を分析し、次に役立てるようにします。それももちろん大事なことですが、失敗要因の分析しかしないと、時間がかかりすぎてしまう場合が少なくありません。

例えば不採用の理由は、「予算がオーバーしているから」だったとしましょう。そこで予算をだいぶ落として持っていくと、今度は「予算はOKだけど、本当にこれだけの申し込みがあるの？」などと違う懸念を追及される場合があります。そうなると、いつまで経っても決裁にたどり着けません。

一方、Aさんは、ひたすら企画の採用事例、採用後の成功事例を集めます。他のメンバーの企画が採用されると、採用されなかった企画と比較して仮説を立てます。すると、採用される企画の傾向が見えてきます。そのうえで、「あの九州のイベントとほぼ同じで、ここだけ違います」という言い方をします。

成功事例と似ていれば、上司も企画のゴーサインを出しやすくなります。こうして自ら安心材料を提供することで、企画の採用率を高めていたのです。

意外と知らない他部署の「評価基準」

プレイヤーの時は、自分が与えられた役割をしっかりやり遂げたり、目標を達成することが重要でした。そのため、自分という「部分最適」でよかったのですが、**リーダーにな**

ると、チームという「全体最適」の視点が必要になります。

しかし、チームリーダーのなかには「自分のチームさえ業績を上げていればいいんだ」という「部分最適」の人もいます。特に上位3チームに表彰などといった制度があると、ライバルチームがまるで競合他社のようになり、究極の「部分最適」になってしまうこともあります。

そして多いのが、営業部門と企画部門の対立、新商品開発部門と経理部門の対立などです。

もちろん、意見を出し合ったり、お互いに目標とブレない方向に行かないように指摘し合ったりするのはいいかもしれませんが、無責任に「売上が悪いのは営業部のせいだ」「いい商品をつくらないから売れないんだ」「まったく開発部門はたくさんお金を使って」「経理は頭が固いんだよ。ここで投資をしておけば、2年後には大きく返ってくるのに」などとただただ文句を言い合って、対立が激化していくのでは本末転倒です。

また、お互いに協力し合わなくてはならない場面もあるでしょう。

営業部で急に大量注文が来て在庫が足りない場合、生産管理部にお願いをしなければなりません。そんな時、「せっかく会社にとって大きな売上になるんだから、何とかして。

それが生産管理部の仕事だろう」なんて言われてしまうと、「今回だけは何とかするけど、次は絶対に協力しないぞ」と、社内に敵をつくってしまうことになりかねません。

一方で、他部署に協力してもらえるリーダーは、他部署のこだわりを把握するために「見えないところ」で何をしているのでしょうか。

まず、できるリーダーは、できるだけ「全体最適」で見ようとします。ただし、「部門ごとの最適」がわからない場合が多いこともよく理解しているのです。

会社のビジョンは共通していますが、チームのビジョンは異なっていることが多いものです。そして何よりも大切なのは、**その部署（業務）の評価基準**です。

・企画の本数なのか
・他部署からの要望に応え、クレームを出さないことなのか
・採用者数なのか
・離職率なのか

意外にも、こうした他部署の評価基準はわからないものです。だからこそ、聞く必要があるのです。

ただ、いきなり聞いても教えてくれない場合が多いですし、仮に教えてくれたとしても、細かいことまでは聞けないでしょう。では、どうするか。

実は、他部署との関係が良好なリーダーは、勉強会や食事会を開いているのです。これはリーダー同士でもいいですし、時にはお互いのチームのリーダーを除いた現場のメンバー同士でもいいでしょう。お互いにある程度良好な関係を構築していけば、いろいろ教えてくれますし、ピンチの時に助けになってくれます。

自分の部署だけでなく、他部署のことを理解しておくと、格段に仕事がしやすくなるでしょう。

なぜ、あのリーダーは他部署に協力してもらえるのか

他部署を動かせるリーダーは、気くばりもしっかりできています。

かつて私は、他部署にも高い水準を求めていました。高い水準と言えば聞こえがいいのですが、要は「自分の思うように動いてほしい」と思っていたのです。

営業マネジャーとして、

「もう少し早い納期で仕上げてほしい」
「もっと魅力的なデザインにしてほしい」
「依頼を早めに出してほしい」
と言っていました。今思うと非常に自分勝手です。

また、営業推進部のメンバーが企画書を作成してくれた時、「これなら問題ないよ」という言い方をしていました。大量発注の納期に応えてくれた場合にも、「おー、よかった」と軽くすませていたのです。これでは信頼されません。

一方、同じマネジャーなのに他部署との関係が良好で、私のチームより融通を利かせてもらっている人がいました。最初のうちは、平等性に欠けていると文句を言っていましたが、ある時、セミナーで気くばりの大切さを学び、そのマネジャーが何をやっているのかを観察してみたのです。

すると、彼は「見えないところ」で、次のようなことをしていることがわかりました。

1 大袈裟なくらいに感謝をする

「ありがとう」という言葉は、人を元気にさせる素晴らしい言葉です。

しかし、誰もが普通に使う言葉でもあります。

相手が相当手間をかけた、他の業務をあと回しにしていろいろ交渉を進めながらやってくれた、しかも時間外で2時間もかけて――そんな時、「ありがとう」のひと言だけですまされたら、「えっ、それだけ?」とがっかりしませんか。

実は**人を動かすリーダーは「ありがとう」を一度きりでなく、何度も言います。**時には「あー、よかった。本当に助かったよ」などと言い換えて伝えます。

感謝の気持ちは何度も言われても相手の気分を害しません。それどころか、言われれば言われるほど、あなたへの好感度が上がります。

「苦労してやった甲斐《かい》があった」と相手は思い、次に頼む時も快く引き受けてくれるでしょう。

2 次工程の様子を伝える

働く人は誰でも、仕事に対する「手応え」を求めています。

「私がやったことは役に立ったのだろうか」

「貢献できたのだろうか」

特に、営業事務や人事などのバックオフィス業務の人は、営業やコンサルタントなどのように自分では成果を知ることができません。だから、**あえてフィードバックをする必要**があるのです。

「持って行った資料、お客様がわかりやすいと言っていたよ」

「どこよりも早く見積もりを持って行けたので、受注につながったよ」

「お客様がこの資料があれば、会社のなかで決裁を取れると言っていたよ」

こう言われて嬉しくない人はいないでしょう。

「仕事なんだから、わざわざ報告する必要はない」と思うかもしれませんが、自分がやった仕事の成果を知ることは、働くモチベーションのアップにもつながります。

3 お土産を配る

私が知っていたできる営業マネジャーは、出張の際にバックオフィスなど出張がない部門の人にもお土産を配っていました。

出張は、する側は大変ですが、出張がない人からするとうらやましいものです。旅行気分を味わえる、職場を離れてリフレッシュできると思っている人もいるでしょう（実際には楽しいことばかりではないのですが）。

お土産を配ることで、そうした人たちへの気配りの気持ちを示すことができます。

その場合にもコツがあります。1人ひとりに手渡しをするのです。

その部署の誰かに渡すより感謝の度合いが大きくなりますし、その際に少しでもコミュニケーションを取れるのが何よりのメリットです。

この他にも、他部署が動いてくれるリーダーは、**要求ばかりでなく「ギブ」を意識して**います。

「私たちの部署で、何か協力できることはありますか？」

「私たちの部署に、何か改善してもらいたいと思っていることはありませんか？」

このように相手に貢献することを忘れずにいるからこそ、社内に応援してくれる人が増えていくのです。

第5章

リーダーが「見えないところ」でやっている仕事の工夫

リーダーの仕事の仕方はチーム全体に影響する

かつては、長い時間をかけてでも、成果を出す人が評価されてきました。しかし、今は働き方改革の影響で、残業する人は認められなくなっています。

だからといって、成果を上げないわけにはいきません。限られた時間のなかでしっかり成果を出すことが求められるようになり、リーダーは当然、率先してそれを実践していく必要があります。

こっそり自宅に持ち帰って深夜にやっていた仕事も、やめたほうがいいでしょう。深夜まで仕事をしていると、次の日のパフォーマンスに影響し、集中力が低下します。

私自身、30代の頃は終電まで仕事をして帰っていましたが、2日も続くと翌日の午前中のパフォーマンスは最悪でした。他の日に比べると、業務の進捗状況が3分の1くらいに落ちてしまいました。

また、残業をしていると、最新の技術や知識を補うための学びや読書の時間も取れません。

一方、残業せずに定時で帰っている人は、メンタルも安定するうえに、学びの時間も確保できます。最初は微差ですが、気づけば大差になっていきます。だから、**「自分自身の働き方改革」が必要**なのです。

「口で言うほど簡単ではない」とおっしゃる方も少なくないかと思います。かつての私もそう思って、率先して残業していました。部下の離職が連続するまでは……。

また、**チームの仕事を減らすことは、リーダーにしかできません。**

仮に、あなたが営業マンだとして、訪問しやすくて話は弾むけど、売上が上がる見込みがないお客様を、月に3件訪問していたとしましょう。これを1件当たりの面談時間を1時間と仮定して計算すると、訪問をやめれば1時間×3件＝3時間の削減になります。

一方、自分のチームでやっていた定例会議を、月2回から1回に減らしたとします。チームメンバーはリーダーを入れて7人とします。仮に1回の会議が1時間とすると、1時間×7人で7時間の削減です。

それ以外に、毎回1人当たり約1時間をかけて作成している週次の報告書を廃止したとすれば、一挙に7時間の削減です。他のことに使える時間をチームで14時間も生み出すことができるのです。

どこまでリーダーの権限で仕事を減らせるかは組織によりますが、リーダーが時短を実施する影響は、プレイヤーの時と比べて段違いと言えるでしょう。

その仕事は、本当に必要なのか

私の研修を受けに来られたリーダーのなかには、「仕事をなかなか減らせない」という人も多くいます。

そこで研修では、今週、何に時間を費やしたかを思い出し、表に記入してもらいます。

そうして**仕事を書き出してみて気づくのが、「使途不明時間」と「仕方ないからやっていた仕事」の多さ**です。つまり、無意識に「聖域」にしている仕事があるかもしれないということです。

例えば、
・項目がたくさんありすぎて、時間がかかるわりには誰も見ていない報告書
・人事部が仕事をしたふりをするための、フィードバックがまったくない研修報告書

・誰も読まないアリバイづくりの出張報告書
・結論が出ない会議
・部下を追い込むことだけが目的の、実は上司がストレスを解消するための会議
といったものです。

ここで一例として、あるチームのなかで、本来必要がないのにやってしまっていた仕事を紹介しましょう。それには大きく分けて4種類ありました。

1 自己満足の仕事

そのチームでは、お客様への提案資料をつくる際も、必要以上にカラーにしたり、体裁にこだわっていました。何より資料のページ数をできるだけ多くしようとしていたので、時間もかかっていました。そのわりにはお客様がしっかり見ていないため、業績に結びついていませんでした。

2 社内へアピールするための仕事

会議の前になると、3日くらい外へ営業にも行かずに会議資料をつくっていました。会

議では使わないような内容のものがほとんどでしたが、1の仕事と同じようにページ数だけ多くして、「仕事をやっている」とアピールをしていました。

この資料を作成している3日間は営業にも出ていないのですから、何も生産的なことはしていません。いわゆる体裁を繕う仕事をしていたのです。

3 やる理由がない仕事

「決まっているから」「前からそうしているから」という理由で行われている仕事のなかには、「やる理由がなくなった仕事」もあります。例えばルールや慣習などで残っている書類などがそうです。

日報も項目が多く、1日分書くのに1時間近くかかっていることもありました。しかも、その項目は上司もほとんど確認しておらず、日々の営業にも役立てていませんでした。

4 アリバイづくりの仕事

「サボっているように見られないか」「手を動かしていないことはサボっているということ」という考えのもとに行っている、「提出書類の書式を変える」「提出書類を増やす」

「見せかけだけの資料をつくる」といった必要がない仕事がここに入ります。

特に「結果よりプロセスが大事」という意味を誤解している人が、このような仕事をする傾向にあります。そもそも結果につながらないプロセスは何の意味も成しませんから、その仕事がどんなプラスを生むのか、マイナスを解消するのかを振り返りましょう。

こうして仕事を洗い出してみたところ、**時間が「ない」のではなく、時間の「使い方」に問題があったのではないか、**ということが浮かび上がってきたのです。

仕事のムダを洗い出す方法

例えば、商品の原価を下げるためのプロジェクトが立ち上がって、課として担当していたとします。

その際、リーダーが目的と目標を告げないまま、「各商品の調達先をリストアップしろ」「現状の1ロット当たりの原価を割り出せ」と指示したとします。

そしてメンバーが思ったより早く仕上げたのに、リーダーが外出していたとします。

メンバーはやることがなく、リーダーの指示を仰げないので、さらなる調査をしたり、あるいは不要な項目を付け足すのに時間を費やしてしまいます。

このように、リーダーの指示の出し方がよくないと、余計な時間がかかってしまうことになります。

こうした「価値のない仕事」を洗い出す有効な方法があります。トヨタ生産方式がアメリカで研究されて体系化されたもので、**「リーン生産方式」**と呼ばれています。リーンとは「贅肉がない」「脂肪が少ない」という意味です。つまり、「ムダがない生産のやり方」ということになります。

リーン生産方式のベースとなる考え方の1つが、**「顧客にとって価値を生まないものはすべてムダとみなす」**というものです。

まずはやるべき仕事を、次のステップで絞り込んでいきます。

・ステップ1　やらなかったら、どうなるかを考える
・ステップ2　やらなくても何も変わらない仕事はやめる

・ステップ3　その仕事の目的を考える
・ステップ4　その目的を別の手段で実現できないかを考える

昨今では、コンプライアンス厳守のために、書類を作成するのに多くの時間が取られています。

これらは現場レベルにおいては、やめたり調整したりしにくいものがほとんどです。よってリーダーが率先して、重要性の低い仕事は極力減らしていくべきなのです。

それをなくして困る人がいないか、いたとしても他のものに代用できないか、という基準で、仕事を減らせないかを検討するようにしましょう。

業務の「断捨離」を考えてみる

もう1つ、業務を効率化する改善策を考えるための「ＥＣＲＳ」というフレームワークを紹介しましょう。これは、以下の4つの切り口から改善アイデアを考える手法です。

・E：Eliminate ……取り除く
・C：Combine ……統合する
・R：Rearrange ……取り替える
・S：Simplify ……簡素化する

4つの切り口のなかで最初に考えなければならないのは、業務そのものを削除する「E」で、これが最も改善効果が高く、続いて「C」「R」「S」という順になります。

「聖域」だと思って当たり前にやっていることについて、「なぜ、この業務が必要なのか？」と問いかけてみると、案外省ける業務や簡素化できる業務があることに気づけるというメリットがあります。

例えば、長い間続けていて、「週1回やっている1時間の定例会議」を例に考えてみましょう。

・E（取り除く）→廃止する
・C（統合する）→毎週1回の定例会議を月1回にする

・R（取り替える）↓会議の時間を朝から夕方に変更する
・S（簡素化する）↓議論の決定だけにし、15分で終了

このように第2、第3の改善策を用意しておくことによって、「廃止する」は無理でも、より効率がよくなるように会議の時間帯や曜日を変更することはできるかもしれません。

メールに埋もれないための「マイルール」をつくる

リーダーには、毎日たくさんのメールが届きます。タイムマネジメントの研修をしていると、ほとんどの方が、「一番時間を取られていて減らしたいのがメール対応です」と言います。メールを効率よく処理していくには、**自分なりの対応ルールを決めておく**ことが有効です。

とはいえ、メールのなかには決裁などの重要なものも交じっていますので、注意が必要です。特に次の3点を意識しましょう。

1 即レスしない勇気を持つ

ビジネスにおいて、スピードは重要です。また、チャットやSNSのメッセージ機能を使ったやりとりが普及して、「既読スルーは失礼」という風潮も強くなっています。そのため、メールが来たら即レス（すぐ返信）しなければならないという意識を持っている人も少なくないかもしれません。

確かに、相手のことを考えると、早く回答したほうが親切で好印象でしょう。

一方で、メールが来るたびに対応していたら、仕事に集中できなくなります。せっかく企画書づくりに集中できている時にメールが来たら、気になって仕方ありません。1時間後にメールを送ると決めておいても、誰からなのか、早く返すべきかなどと、常に頭の片隅にメールのことがあると、能率も下がってしまいます。

即レスしない勇気を持ち、部下には自分がいつメールをチェックするのかを伝えておきましょう。

2 決裁、時間の期限があるメールを優先する

すぐに決裁できないような案件、長文の回答が必要なものは、一度、「受領しました」

というメールのみ返す。そのうえで、1日に3回30分ずつ、まとまった時間を確保します。

ちなみに私がコーチングをしていたAさんは、次のようにメールの対応をルール化していました。

・平日でも19時以降は返信しない
・1時間に1回チェックするが、時に会議や商談でメールが見られないこともある
・決裁など急ぎの場合は、チャットにも連絡を入れてもらう
・決裁をしてほしい場合は、タイトルに【決裁依頼】と入れてもらう（3時間以内に対応する）
・基本的に4時間以内に返信するが、時に遅れる場合もある（前日に「研修があり1日対応できない」など、次の日のスケジュールを明確にする）
・17時以降のメールは、翌日朝の10時までに送る

このように設定してからは、メールに関する問題は一切起こっていないそうです。

3 CCは禁止する

CCは一斉に送れる便利な機能ではあるものの、受信する側からすると、「これ、私に必要かな?」と思えるものもあるでしょう。見ない人もいれば、すべて見ないといけないと思ってしまう人もいます。また、1日何百通とメールが送られてきたりする方は、メールの数が多くなり、メールを見落としてしまうことにもなりかねません。

お客様に送る時、自分のリーダーにもCCで送っている人がいますが、相手によっては「一人前でないのかな」と不安に思う人もいるかもしれません。

もし、リーダー自身がCCを送ってほしいと思っている場合、考えを変えてください。「CCでリーダーに送っておけば大丈夫」という気持ちが部下の成長を妨げます。「CCに入ってなくてもいい」と部下を信じる。その代わり部下に報告義務があることを伝えればいいのです。そうすると、報告をしっかりするようになり、伝え方などのスキルアップにもなります。

会社のルールでCCを入れなければならないと決まっている場合は、「私が送るメールでCCに入っている場合は見なくていいからね」と伝えましょう。

そのうえで、もし、部下に自分の取引先とのやりとりなどを見てもらいたい場合は、タイトルに【参考資料読んでおいてください】とつけて、面倒でも転送するようにしましょう。

忙しいリーダーこそ「サボり時間」が必要な理由

プレイヤー時代に業績を上げていた人は、予定を詰め込んだり、あるいは常に何かしていないといけないと考える傾向があります。

しかし、**信頼されるリーダーは「空白時間」を確保しています。**むしろムダに仕事を詰め込みません。

そもそも仕事を詰め込んでいるリーダーは、部下や周囲に迷惑をかけてしまいがちです。なぜなら、リーダー自身が仕事を止めてしまうことがあるからです。

前の項目で、リーダーがメールの処理に時間を取られすぎないよう、マイルールを持つことをおすすめしました。

すべてのメールに急いで返信する必要はありませんが、決裁・相談など部下の仕事を止めてしまう可能性があるものには、できるだけ早く返信したほうがいいでしょう。

そのためにも空白の時間、いわゆる「サボり時間」をつくっておく必要があります。

そもそも、リーダーになると、予定通りに仕事が進められないことが多くなります。部下からの相談、部下のお客様へのご挨拶、上司からの呼び出し、責任者としての問題対応など、下手をすると1日がこのような対応とメール返信でつぶれてしまうこともあります。

このとき、「サボり時間」を確保しておけば、他部署や上司から急に頼まれた仕事でも対応できます。

もし何もない時は、企画書のブラッシュアップをしたり、新商品開発のヒントになりそうな記事を調べたり、予算をつくるなどリーダーとしての仕事をする時間に充てればいいのです。

その結果、知識が増えたり、提出期限に余裕を持って課題を提出できたりと、周囲からも信頼を得ることができます。

何か予定を入れておかないと不安、何もしないと不安という人は、**「リーダーには目に**

は見えない仕事もある」と考え方を変えましょう。むやみに仕事を詰め込まず、「自分でやらない勇気」「断る勇気」を持つことが大切です。

「隙間時間」にやることを決めておく

仕事ができるリーダーは「隙間時間」を有効活用しています。

私自身は普段、移動中の「隙間時間」に読書をします。例えば山手線で2駅移動して、その後、銀座線で赤坂見附まで行くとします。そこで山手線の2駅で3項読む、次の銀座線で4項読むなどと「締め切り」を決めるのです。これは「締め切り効果」といって、締め切りがあることで集中力がアップする心理を利用した方法です。

一方で、企画書作成などのクリエイティブな仕事は、隙間時間ではなく、まとまった時間に行うのがおすすめです。

私の今の仕事でいえば、書籍の執筆などがそうです。この場合、パソコンを立ち上げたり、資料を探して見つけたり、それぞれのタスクに10分程度の起動時間を要します。10分しかない時に執筆に充てたら、軌道に乗った時点で終了となってしまいます。

また、実際の仕事に取りかかるまでの起動時間は、1日4回であれば10分×4回の40分となります。まとまった時間でやれば最初の10分ですむところ、切り替え回数が多ければ多いほど、ムダな時間は多くなるわけです。

そこで、**この業務は隙間時間、あの業務はまとまった時間、と分ける**ようにすることをおすすめします。私は会社員時代、ルーティンワークや作業系の仕事を隙間時間に、頭を使う仕事をまとまった時間に充てていました。

外出予定があると、出発時間が気になってソワソワしてしまったり、集中できなくなります。お客様とのアポの前に企画書を作成したとすると、今度は商談の準備がおろそかになるといった問題も生じてきます。

あるリーダーは、「この日は外に出ない」という日を週に1日~2日決めていました。仮にその日にお客様から打ち合わせをしたいと言われても、「先約が入っている」と言って、外出予定の日にアポを入れます。ウソはいけないと思う方もいらっしゃるかもしれませんが、このウソはいいウソです。

その代わり、外出する日はまとめてアポを入れます。デスクワークはしないと決めているのです。当然、時間はなくなりますが、デスクワークの日により集中することができて効率アップにもつながっていくのです。

また、**同じ日に似た仕事をまとめてやる**と、共通点を見いだせて、仕事時間の短縮につながることも少なくありません。

企画書作成などのデスクワークを1日にまとめて取り組んでいると、作成している2つの企画書に共通点があると気づくこともあります。AとBという企画書を別々に作成すれば、それぞれ2時間かかるのに対して、2つ続けて作成すれば合計3時間ででき、1時間短縮できるかもしれません。

隙間時間にも、できるだけ同じ種類の仕事を集中して進めるのが向いています。メールの返信、その月の5回の出張の手配を一気にやる、などがいいでしょう。

ただし、隙間時間ができてから何をしようかなんて考えていたら、5分なんかあっという間に過ぎてしまいます。5分、10分、15分、30分の隙間時間ができたら、やることを決めておきましょう。例えば付箋に「隙間時間にやることリスト」を書いて、手帳に貼っておきます。手帳を使わない方は、スマホのメモを利用する方法もあります。

― 隙間時間にやることリスト（例） ―

□ 5分あったらやること

・メールをチェックする
・日報を記入する
・手帳を確認する
・机の整理整頓
・読みたい本の注文
・スケジュールチェック

□ 10分あったらやること

・お客様へのメール返信
・稟議書のチェック
・資料を読む
・SNSのコメントを返す
・備品の在庫チェック

□ 15分あったらやること

・1人ブレスト会議
・SNSへの投稿
・慎重な対応が必要なお客様へのメール
・企画書のアイデア出し

□ 30分あったらやること

・企画作成に必要な資料の読み込み
・業務マニュアルの加筆・改訂
・新商品開発に関するデータ分析
・同業他社のHPのチェック（変化の調査・確認）

ぶっ続けで働くのは、実は非効率⁉

仕事が波に乗ってきて、気づいたら2時間以上が経過していた――そんな経験はありませんか。私も書籍の執筆をしている際、気づけば3時間も書き続けていた、なんてことがありました。

一見いいことのように思いますが、残念なことにトータルで見ると、その日は大してページが進みません。長時間仕事をして休憩したあと、元の状態に戻れず、ダラッとしてしまうのです。

3時間執筆し、その後30分だけやり、結局、進んだのは12ページ。「今日はかなり集中できているぞ」という時はアドレナリンが出ているのですが、3時間も経てば疲弊し、集中力が低下します。それまで栄養剤やエナジードリンクでエンジン全開にしていた分、一度休んだら元に戻せないのと似ています。一方で休憩を取りながら進めた日は、50分×6セット、気づけば20ページ以上書いていた、なんて日もあります。

このように、定期的に休憩を取りながらのほうが生産性が上がります。

ここで、仕事が早い人の多くが使っている時間術**「ポモドーロ・テクニック」**をご紹介しましょう。「ポモドーロ・テクニック」とは、イタリア出身のコンサルタントが考え出した時間管理術で、日本でも多くの方が使うようになりました。

まず、25分間仕事に集中したら5分間休憩を取る。その後、また25分間仕事をし、5分間休憩を取る、を繰り返す方法です。

「ポモドーロ・テクニック」を実践することで、集中力を切らさずに目の前の業務に取り組めます。**「疲れてきたら休憩」ではなく、「疲れる前に休憩」**というやり方です。

ただ、この25分には厳密にこだわらなくても大丈夫です。クリエイティブな仕事が多い人は50分やって10分休憩でもいいでしょう。私は50分にしています。それぞれの仕事のリズムに合わせていきましょう。

大事なのは、ぶっ続けで仕事をしないことです。強制的に休憩を取るのです。

かつて私が仕えていたリーダーに、両極端な2人がいました。

Aさんはぶっ続けで休憩を取りません。おそらく休憩らしきことはしているのですが、ネットサーフィンをしていて席を立っていません。だから、Aさんの部下はみんな非常に休憩を取りづらいのです。

一方でBさんは、定期的に「さて、チャージに行くか」と言って軽くストレッチをしたり、喫煙室に行ったり、コーヒーを淹《い》れていました。こちらのチームのメンバーは、みんな休憩を取りやすかったのです。

リーダーが率先して休憩を取らないと、メンバーも休憩がしづらくなります。必然的にチームメンバーの能率まで下がってしまいます。このことも意識しておきましょう。

できるリーダーは単純作業だって手を抜かない

忙しいリーダーのなかには、単調なDMの封入作業などを避ける人もいます。「リーダーはクリエイティブな仕事をすべき」「作業はメンバーに任せればいい」「自分の時給は高いのだから、作業系の仕事はメンバーに振るべき」という声も多く耳にします。

しかし、私はたまにはリーダーも加わったほうがいいと考えています。なぜなら、部下たちが、**「時々リーダーがやるくらいだから、軽視してはいけない仕事だ」**と思うようになるからです。

　ただし、このような単調作業でも、できるリーダーは工夫をしています。

「どちらが早くできるか競争だ！」

「1時間で1000枚封入するぞ！」

「負けたほうが缶コーヒーご馳走《ちそう》ね」

　などとゲーム感覚で進めていくです。

　ゲーム感覚にすれば楽しみながらできますし、さらに短くできるようになるにはどうしたらいいかを考えるようになります。なお、このように作業をゲームにするには、グループに分けるのもいいでしょう。チームワークが生まれたり、時には若手にリーダー（まとめ役）になってもらい、リーダーシップの素養を身につけてもらうこともできます。

「やらなくてはいけないんだ」と義務感をあおったり、「雑談なんてしないで早く終わらせるぞ」と真剣に取り組ませるより、少しワイワイガヤガヤやったほうが早く終わるし、チーム内の「心理的安全性」が高まるという効果も期待できます。時には飲み会を1回したくらい距離が縮まる場合もあります。

コストを意識しすぎることの落とし穴

できるリーダーは、コストよりも付加価値を重視しています。

付加価値とは、その商品を購入することによって得られる価値をいいます。

例えば、部下からソフト購入の申請が来たら、どれだけの付加価値があるのかを説明させて、付加価値がコストを上回っていたら承認します。

かつて私の上司でコストより付加価値にこだわっていた人の、印象的なエピソードがあります。

私はその日、上司と新横浜駅の近くの会社を訪問する予定になっていました。「何時に出ればいいか」と聞かれた私はYahoo!の乗換案内で、東京駅から在来線を使った乗換案内の用紙を出し、出発時間を伝えます。すると上司は「もう少し遅くても大丈夫じゃないか。メールを送っておきたいところが3件あるんだ」と言いました。

「でも、東海道線は11時発ですよ」

「違うよ。東海道新幹線で新横浜まで行くんだよ」

「たった1駅だけ、新幹線に乗ってもいいんですか？」

私は1駅（今は品川駅にも新幹線が停まるようになったので2駅）の距離なのに新幹線に乗ることに意味があるのだろうかと思ったのです。

そんな私に、上司は次のようにアドバイスしました。

「時間を買えるだろう。あと、新幹線のなかは快適だから、ちょっとだけど仕事もできるじゃないか」

確かに在来線で行ったら、電車のなかで座れないかもしれません。その間、仕事ができなくなってしまいます。また、仮に急ぎの仕事はなかったとしても、移動時間に本や雑誌を読んだりして、有意義な時間を過ごすことができるのです。


「お金で時間を買う」


これは非常に重要なことです。

知人の経営者のなかには、高いお金を出してでも、新幹線ではグリーン車に乗る人がいます。広いグリーン車で快適に仕事をすることで得られる効用が多いからだそうです。

ちなみに、仕事を進めるうえでも、コスト削減ばかりを優先し、すべてを自社で内製、あるいは自分でやろうとしてしまうと、膨大な時間がかかります。

例えば、新商品のチラシを作成する仕事があったとします。コストを抑えることを考えて、自社でパソコンのソフトを使って作成する方法も、ないわけではありません。しかし、メンバーがデザイナーであったり、美大出身などでソフトに精通していれば別ですが、そうでなければプロに任せたほうがいいのです。

素人はプロより時間がかかります。プロなら30分ほどでできることも、素人がやると3日くらいかかるかもしれません。**自分が得意なことに集中し、苦手なことはそれが得意な人に任せるという「比較優位の法則」**で考えたほうがいいのです。

例えば、Aさんが3日間でチラシを作成する場合、給料を時給換算すると2000円、24時間かけると4万8000円。さらにはAさんがチラシ作成の代わりにお客様を訪問して、10万円売れるかもしれないものも0円になる。それなら外注したほうがいい、ということです。クオリティーについても、プロなら安心です、

昨今では、パワーポイントなどの資料を外注する会社もあるようです。得意なこと、いわゆる生産性が高い仕事に費やす時間を最大限にすることを考えましょう。不得意なこと

や他の人に任せたほうがいい仕事は、任せてしまうほうがいいのです。

リーダーが付加価値で判断するようにすれば、部下にも付加価値思考が身についてきます。

確かにお金は大事ですが、時間は有限です、もちろん、ムダなコストは削減すべきですが、利益を得られる、時間を生み出せるものへの投資は積極的にしていくべきでしょう。

午後イチのアポを積極的に入れる

ハラスメントについて厳しくいわれるようになった昨今は、部下を誘って飲みに行くのは時間外だからあまりよくないと、避けているリーダーもいるでしょう。しかし、ランチならいいのではないかという考えもあります。

ランチョン・テクニックといって、飲食をしながらコミュニケーションを図るのは、お互いの距離を縮める効果があるとも言われています。

しかし、私はこのランチに行くことには消極的です。理由は2つあります。

1つは、どうしても行くメンバーに偏りが出てしまうからです。

Aさんとは今週4回行った、Bさんとは1回、Cさんに至っては1度も行かなかったといった状態になるからです。もちろん、チームのメンバーで親睦のために毎月1回ランチ会をする、ランチを兼ねて1on1ミーティングをやる、というのは、全員同じ回数になるので悪くありません。

もう1つの理由は、毎回同じメンバーでランチに行っていると、話が単調になってしまうからです。

かつて私が会社員の頃、毎日同じメンバーでランチに行っていて、出てくる話題が「上層部と会社の異性の話」ばかりで辟易《へきえき》したことがあります。当時は少しでも勉強の時間を確保したかったので、何とかみんなとランチに行かないですむ方法を考えていたのですが、ある時、ふと思いつきました。

「お客様とのアポを入れて、ランチに行けないようにすればいい」と。

どういうことかというと、ランチの時間帯に移動するように、お客様との商談の時間を工夫したのです。具体的には、13時頃に横浜や相模原などでアポを入れました。13時から15時頃は集中力が落ちるので、人と話すのに適した時間帯であるというメリットもありました。

お昼休みは、基本は業務時間外です。その時間を有効活用して勉強をしたり、あるいは書店に行ったりなどのちょっとした用事をすませるのも、本来は自由なはずです。

社外の友人で、近くに勤務している人とランチをしたいという人もいるでしょう。そこを縛ってはいけません。

また、社内でも、他部署の人とランチに行きたい人もいるでしょう。社内の人との人間関係も良好になりますし、学びにもなります。

他にも、最近は昼寝が有効とも言われています。仮眠を取って午後の仕事の効率アップにつなげたい人もいるでしょう。

リーダー自身も部下と食事に行く以外の予定を入れて、自由なお昼休みを確保するようにしましょう。

「速く」よりも「早く」を目指す

仕事が期日に終わらない場合、たいていは始動が遅いのが原因です。

リーダーは日々の仕事が忙しいため、提案書や企画書の作成などのクリエイティブな仕事や、新人の採用計画などといった長期間を要する仕事は、ついあと回しにしてしまいがちです。そして締め切りが近くになると慌てて仕事を進めます。

このようなタイプを、私は**「ラストスパート型」**と呼んでいます。しかし、かつて同じようにラストスパート型だった私は、なんとか締め切りまでに仕事を終わらせたものの、

・いつもお願いしている、スピード印刷をしてくれる会社が休みだった
・研修レジュメはできたものの、日程が足りないことが発覚した
・仕事の別の工程が必要になった

といった数々の失敗をしてきました。

一方、**できるリーダーは、たいてい逆の「スタートダッシュ型」**です。

リーダー自身の仕事でも、部下に頼む場合でも、できるだけ早く着手するようにしています。具体的には、まず**「いつから始める」宣言をする**のです。

人は意志が弱い生き物です。だから、他の人の前で行動宣言をしたり、自分の手帳に開始日を書いておきます。こうすれば手帳を見るたびに後ろめたさを感じます。

なお、人が先のばしをする理由に「時間不一致効果」という心理的な現象があります。例えば月末に締め切りの場合、「直前になったら、いいアイデアが浮かぶだろう」と根拠のない思い込みをしてしまうのです。しかし、何も考えず行動に移さなければ、何も生まれません。

そこで、たとえ大きな仕事でも、小さな仕事に分割したり、全体のスケジュールを立てて、仕事の見通しを立てましょう。まずは**1ミリでもいいから工程を進めておく**ことが大切です。

そして何より、早く始めておけば心のゆとりにもなります。

「あの人はいつも時間に余裕があるな」というリーダーは、たいてい着手が早い「スタートダッシュ型」です。

ちなみに、仕事そのもののスピードアップを追求しても、実はあまりリターンがありません。もちろん、システムや新しいソフトを導入することにより、大幅に時間が削減できる業務はあるでしょう。

しかし、**速度にこだわると、かえってミスが生まれる可能性もあります。**提出したもののミスが発覚し、やり直しに時間がかかったり、時には関係者に謝罪する必要が出てくるなど、追加で仕事が発生することもあります。

忙しい人ほど、「速さ」ではなく「早さ」を意識するようにしてみてください。

第6章

リーダーの「自分を整え、高める」秘密のルーティン

できるリーダーはこんな「儀式」を持っていた！

できるリーダーは朝のルーティンをしっかりやっています。朝、出社して一番に気分の赴《おもむ》くままにメールチェックをしたりはしません。

私の場合は、

・コーヒーを淹れる
・今日のスケジュールを見直す
・名言集など手軽に読める本を読む

などといったことをしてから、メールをチェックします。さすがに会社に出社する人は読書などをするわけにはいかないと思いますが、資料を読み込んだりインプットするにはとてもいいでしょう。

こうした「儀式」を取り入れて、上手に仕事モードに入っていくのです。

私が仕事に「儀式」を取り入れるようになったのは、会社員時代のことです。

わりと引きずりやすいタイプだった私は、ミスをすると、いつも心のなかで自分を責めながら仕事をしていました。失敗について考えながら仕事をしていれば、当然、仕事のペースは落ちてしまい、いいことは1つもありません。でも、考えるのをやめられないのです。

しかし、ある時、隣の部署の人から「何か失敗した時は、自信を取り戻せる仕事をしている」という話を聞きました。そこで、私も落ち込みから回復する儀式のように、自信を取り戻せる仕事をいくつか準備しておくようになったのです。例えば、ミスをしてしまい叱られたあとには提案書作成をする、といった具合です。

また、クレームの電話をかける時は、すごく怒っているお客様に対し、「同じ人間だし、命まで取られるわけではない」と心のなかでつぶやきながら対応していました。

これをやれば集中モードに切り替わるという**「作業興奮」**（作業を始めると湧いてくる意欲や集中力のこと）を利用する手もあります。

例えば、私はテレアポ営業をやっていましたが、いきなり大口見込みのお客様に断られるのは嫌だったので、最初は（言い方は悪いですが）断られてもあまりショックのない小規模な取引のお客様に連絡するようにしていました。

また、どうにもやる気の起きない仕事もあるかもしれません。そんな時は好きな仕事と組み合わせるのも1つの方法です。データ入力の仕事を25分やったら、次は企画立案の仕事をやるなど、苦手なものと好きなものを組み合わせるのです。

できるリーダーは、このようにして自分の機嫌を取る工夫をしています。

どんな時でも平常心を保てる理由

非常事態にこそ、リーダーの真価が問われるものです。

ある会社の同じ営業部に、2人のリーダーがいました。

ミスがないことがウリのAさんは、普段から部下に対して威圧的に接していました。一方のBさんは温厚で、普段は冗談を言って笑わせてばかりでした。

この2人のリーダーは、クレーム対応がきっかけで、大きな差がついてしまいました。

クレームが起きた時、動揺したAさんは、部下にイライラをぶつけてしまったのです。

普段はどんなに完璧な上司のように振る舞って見せていても、これでは台無しです。

一方、Bさんは悪い状況にオロオロしながら報告してくる部下に、平常心で対応。「そうか、大変だったな。まずは何からしてみようか？」と落ち着いた様子で問いかけました。

前に触れた「心理的安全性」の点で考えると、Aさんはリーダー失格です。

でも、人間なら誰しも感情的になることはあるものです。リーダーは、悪いことがあってもイライラすることすら許されないのでしょうか。

先に答えを述べますと、**「イライラの感情を持つのは人間だから仕方ない。でも、イライラの感情を出してしまうのはアウト」**です。

人間、イライラしない人なんていません。私は今までに3万5000人の管理職やリーダーに接してきましたが、イライラしたことがないという人は皆無でした。

リーダーが「見えないところ」でやっている感情整理

では、Bさんはなぜイライラした様子を見せずに、平常心で部下に接することができたのでしょうか。

実は、Bさんは**「見えないところ」でイライラの感情を上手に吐き出していた**のです。

Bさんは、部下が報告・相談に来る際、最初に「悪い報告？　いい報告？」と問いかけていました。

いい報告ならそのまま聞き、悪い報告なら「わかった。3分待って。コーヒー買ってくる（あるいはトイレに行ってくる）」と言って部下の前から姿を消します。そして見えないところで「あいつ、またやったのか」「何やってるんだよ」と文句を言ったり感情を露《あら》わにするのです。その後は何事もなかったかのように、部下の前に戻ります。

「えっ、でも、悪い報告はすぐに聞いて、早く対応しないといけないのでは」という意見もあるかもしれませんが、そんなケースはごくわずかではないでしょうか。

実は、名プレイヤーであり名監督であった、あるスポーツ界の重鎮も、同じことをYouTubeで言っていてビックリしました。

その方は選手がミスをした時、そっと監督室に行って、誰も見ていない個室で「あいつめ、またやりやがって」などとつぶやき、その後、平然とベンチに戻っていたそうです。

心を切り替えるクールダウンの「儀式」

このように、常に平常心であることを求められるリーダーは、何かあった時、心を整える自分なりの「儀式」を準備しているものです。それが**「クールダウン」**の儀式です。

クールダウンとは感情が乱れた際に冷却期間を置くことです。冷却期間といっても、数分で十分です。

ここで、私がさまざまなリーダーから聞いた「クールダウン」の儀式を紹介しましょう。

■コーヒーを淹れる

コーヒーに含まれているカフェインには、「セロトニン」という脳内神経伝達物質を増やす効果があると報告されています。セロトニンは「幸せホルモン」とも言われ、セロトニンの分泌量が多いと、ポジティブな気持ちになれます。また、カフェインは疲労感を軽減し、集中力を高める効果もあります。

■ガムをかむ

咀嚼《そしゃく》のリズムにより、脳から心身がリラックスした時に見られるアルファ波が出て、自律神経のうち副交感神経が優位になります。

■動物の画像を見る

猫や犬といった動物のかわいらしい写真や動画を見るだけで、ストレスが軽減したという研究結果が報告されています。スマホの待ち受け画面にしたり、ＳＮＳで動画を見るのもおすすめです。

■心のなかで自分自身の実況中継をする

「怒りの感情が湧いてきて自分は怒っているようです。冷静にならないとミスが起きそうです」といったように、自分を実況中継をします。それにより自分を客観視できるようになり、心の落ち着きを取り戻すのに役立ちます。

もちろん、イライラや不安は簡単になくならないかと思います。それでもいいのです。

大事なのは、心を切り替え、平常心を取り戻すことです。心のなかに怒りの感情が残っていても、いったん切り離して考えられる状態になることを目指しましょう。

自分のイライラしやすい時を知っておく

いつも平常心を保てている人は、自分がどんな時にイライラしやすいかを、あらかじめ把握しています。そして、「見えないところ」でイライラの要因となる出来事を遠ざけるようにしているのです。

人にはそれぞれ怒りやすい時期、場所、シーン、相手があります。

心理学で効果が実証された簡単な方法として、**「if-thenプランニング」**と呼ばれるものがあります。「if-then」とは、「もしこうなったら、こうする」という意味です。具体的な怒りの回避テクニックを解説しましょう。

■時期

例えば、火曜日の朝の会議のあとにイライラしやすいとします。

この場合、次の1時間を自分の仕事のための時間とし、仮に自分に部下がいるなら「相談禁止タイム」とします。

「相談禁止なんて大丈夫なのか？」と思った方もいらっしゃるかもしれませんが、そもそも大事なお客様との面談や幹部会議などで、相談を受けられない時間帯はあるでしょう。

例えば部下との1on1ミーティングなども、自分のイライラしやすい時間帯は断るようにします。

部下に「火曜日の午前中に1on1をお願いできますか？」と言われたら、「午前中は企画作成の仕事に費やしたいから、火曜日か水曜日の14時〜16時でどう？」とあらかじめリーダー自身がイライラしない時間帯を提示するようにします。

■場所

電車のなかでイライラしやすかった私は、通勤電車では快速や急行に極力乗らないようにして、何かあったらすぐにその場から立ち去れるようにしていました。

社内にイライラしやすい人がいたら、そっと会議室に行くのもいいでしょう。イライラしがちな上司が終日デスクワークをしている日にアポを入れて、なるべく外出する、といった手もあります。

■シーン

例えば、辛辣なメールを受信した際など、「自分はこんなことが起きるとイライラしやすい」というシーンはありませんか。そこであらかじめ、「好きなチョコレートを食べてから返信する」と決めておきます。何かあった時に、すぐに自分をご機嫌にできる「お守りアイテム」があれば最強です。

■相手

AさんとBさんが似た企画を立案してきた場合、Aさんには厳しく接してしまうけれども、Bさんへの突っ込みは甘くなってしまう、といった「人」が関係していることもあるかもしれません。この場合は、Aさんと話す前にクールダウンの儀式を行うようにしましょう。

リーダーは自分を成長させるために本を読む

ここからは、リーダーが自分自身を高めるために「見えないところ」でやっていることについてお話ししていきましょう。

1人の人が人生で得られる経験は限られています。しかし、本を読めばたくさんの方の経験を擬似体験することができます。 自分と同じような悩み抱えている人は誰かしらいるものです。それがまとめられているのが本です。自分が今、困っていること、乗り越えたいことを解決しようとした時、本が助けになってくれるでしょう。

そのような貴重な情報を1000円から3000円で学べるなんて、本は非常にコストパフォーマンスが高いものだと思いませんか。直接会わなくても学べるので、場所も時間も制限されることはありません。

しかし、最近では電車のなかで本を読んでいる方もだいぶ少なくなりました。ほとんどの方がスマートフォンを見ています（なかには電子書籍を読んでいる人もいるかもしれませんが）。個人的には残念なことだと思っています。

私にとって、本は恩人のような存在です。本があったからこそ、人生の幅が広がりました。今まで累計1万冊以上読んでいますが、本がなかったら、今のように人前で話したり、このように本を書いたりすることもなかったでしょう。

しかし、そうはいっても人生の時間は限られていますし、日々忙しいビジネスパーソンは、本を読む時間をそれほど多く取れるわけではありません。しかも、新刊本は1日200冊くらい出ているといわれます。たくさんの本のなかから今の自分に役立つ本を見つけ出すだけでも、至難の業《わざ》ではないでしょうか。

ビジネスパーソンのなかには、本を多読している人もいます。しかし、あるものだけを食べ続けていると偏りが出てしまうように、読む本も「バランス」が大切です。

ビジネスパーソンが手に取る本は、やはりビジネス書が中心ではないでしょうか。さまざまな知識やスキルが得られるビジネス書は、新入社員から中堅社員、管理職、経営者まで、いろいろな人に読まれています。

ところが、たくさんビジネス書を読んでいるにもかかわらず、それをうまく役立てられない人もいます。これはなぜなのでしょうか。

「人間力」を学べる二大ジャンル

実は、知識やスキルを学ぶ以前に大切なことがあります。それは「人間力」をつけるということです。

あとで詳しく触れますが、かつて私は、リーダーになってから降格人事を経験しました。その頃もビジネス書は読んでいましたが、私にはその前提となる「人間力」が欠如していたと、今となってはよくわかります。

人は「何を言われたか」より、「誰に言われたか」によって動きます。

どんなにスキルを身につけても、「人間力」がなければ部下はついてきません。

プレイヤーの時はテクニカルスキルだけでも多少のリカバリーはできたかと思います。しかしリーダーになると、この「人間力」が重要になってきます。むしろ「人間力」を持ち、人との信頼関係を構築するのが上手でありさえすれば、多少スキルがなくてもそれを補うことができると言っても過言ではありません。

いい悪いは別として、リーダーにスキルがなくても、部下にスキルがあって自発的に動いてくれれば、チームとしては回っていくのです。

この「人間力」を学べるのが**「古典」**です。「古典なんて古くて、現代にはあまり役に立たないのではないか」と思う方もいらっしゃるかもしれません。

しかし、論語や孫子といった古い中国古典から、欧米の古典『自助論』（サミュエル・スマイルズ）、『人生の短さについて』（セネカ）、『幸福論』（ヒルティ）などは、読み続ける人が絶えません。人として生きていくのに大切な「人間力」、人間関係を構築していくスキルは、時間が経っても不変なものだからです。

なお、古典はビタミン剤のようなもので、ビジネス書のようにスキルを習得してすぐに仕事の問題を解決することができる特効薬ではありません。

古典を読んでも、なかなか身になっているかわからないかもしれませんが、リーダーの「人間力」の形成に必ず役立ちます。すぐに結果を求めずに、良書を読み続けていってください。

そして、もう1つ欠かせないジャンルが**「心理学」**です。リーダーになると、相手の心を読んだり、人を動かしたりするための「人間関係のスキル」が非常に重要になってきます。

例えば、アルフレッド・アドラー氏が提唱する「アドラー心理学」に「課題の分離」という理論があります。自分の課題と他人の課題をしっかり分けることで、不要に相手のゾーンに入り込んだり、自分自身を責めすぎたりしないでいられます。

私自身、部下のモチベーションを無理に上げようとしてきましたが、アドラー心理学を学んだことにより、モチベーションを100%上げることはできないということに気づき、その後は「モチベーションを下げないこと」を意識するようになりました。

営業の仕事においては、「単純接触効果」の理論も役立ちました。これは、1カ月に1回60分面談をするより、5分の雑談を1カ月に8回やったほうが、トータルの時間は短くても信頼関係が構築できるというものです。また、「アサーション」というコミュニケーション術を知ることで、主張をまったくせず相手に言いなりになってしまうのはよくないことを学びました。

他にも、「認知の歪《ゆが》み」という理論を知ることで、ミスを繰り返した人間を「仕事ができない人間」と決めつける傾向があったのを、思い込みにとらわれていないかと振り返ることができるようになりました。

最近では、とても読みやすく実践的な心理学の本も増えているので、ぜひ手に取ってみてください。

1冊読了するよりも大切なこと

かつて「ご飯粒を1粒でも残してはいけない」と親や先生から刷り込まれて育った人もいるでしょう。その影響が本にも出ているのか、以前、リーダーの読書術についてセミナーをした時に、受講した方からこんな質問を受けました。

「私は1字たりとも読み残しがないようにと意識して読んでいます。だから、読むのに時間がだいぶかかってしまうのですが、どうしたらいいですか」

その方は、「ご飯粒を1粒でも残してはいけない」と言われるように、本もまた1字も飛ばさずにしっかり読まないといけないと考えていたのです。

このような人は少なくありません。

しかし、こうした読み方をすると、前のほうにどんなことが書かれていたのかを忘れてしまいます。その結果、全体の構成がわからなくなってしまうのです。

加えて、あまりにも時間をかけて読んでいると、本を読む目的が、「学びを得ること」ではなく、「読了すること」になってしまいます。これでは本末転倒です。

ビジネス書や古典の場合、小説とは異なり、多少読み飛ばしても理解は可能です。そもそもビジネス書を読んでも実行できる箇所はごくわずかでしょう。また、人によってその本から得たいこと、現在困っていて解決したいことも違います。

だから、斜め読みでも大丈夫。**自分にとって必要な箇所を読むだけでもいい**、と考え方を変えましょう。

仕事に即効！「アウトプット読書術」

リーダーに限らず、「読書をしているけれど、なかなか成果につながらない」というビジネスパーソンは意外と多いものです。そのように悩んでいる方のほとんどが、「とりあえずインプットしておこう」という曖昧な目的のまま読書をしているように思います。

読書が趣味の方はそれでもいいですが、そもそも読書は貴重な時間を使ってするものです。時間を投資したなら、必ずリターンを得る必要があります。

そこでおすすめしたいのが、**「アウトプット」を前提で本を読む**ことです。以下、そのポイントをご説明しましょう。

1 その本で何が得たいのかを明確にする

「どんな情報を知りたいのか」「その本を読むことによって、何を解決したいのか」を明確にして選書をします。

2 難解な本を読む必要はない

なかには、入門書や図解版、漫画版、現代語訳などを読んでも意味がない、難しい本を読まなければ「読書筋肉」がつかないという人もいます。

しかし、ビジネスパーソンの読書の目的は、仕事に活かすことです。分厚い本を読もうとしても挫折してしまったら、何の意味もありません。「難解な原典にチャレンジして本質を磨く」のも大切ですが、それよりも「古典にあるエッセンスの基本だけでも身につける」ほうが大事です。

そこで、最初は手軽な入門書などから入るのもおすすめです。そのうえで、興味を持ったら原典に当たればいいのです。

3 目的を解決できそうなページを目次から探し出して読む

本を全ページを読む必要はありません。目次を見て、自分に役立つ箇所を読むという「部分読み」でも、十分役立てることができます。

4 読書メモをつくる

読んだあと、仕事でどう実践するかを、1行でもいいので必ず書いておきます。ブログでも自分だけが見るノートでもかまいません。本の内容を実践してみて気づいたことは、後日、メモに付け加えるといいでしょう。

また、本の内容を自分の仕事の分析に役立てる方法もあります。

以前、失敗事例ではなく、成功事例を分析することをおすすめしました（98ページ参照）。たまたま成功するケースも少なくありませんが、その「たまたま」の裏に何か理由が潜んでいることもあります。

そのうえで、**自分なりの成功の法則をつかんだら、そのことが書いてある本を探して、読書メモとして残す**のです。そうすることで、成功したことが体系化され、再現性を高めることができるでしょう。

このように、できるリーダーは「見えないところ」で、読書を自分の成長の糧《かて》にできているのです。

第7章

チーム力を高めるリーダーの「見えない」習慣

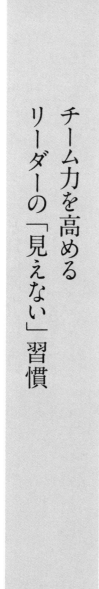

できるリーダーほど自己開示がうまい

リーダーにとって必要な要素の1つに、**「自己開示」**があります。

ある組織にAさんという非の打ちどころがないリーダーと、Bさんという少しお茶目《ちゃめ》なリーダーがいました。

この2人の場合、一見、Aさんのほうがいいリーダーに見えます。おそらく個人の能力やスキルはAさんのほうが上でしょう。実際、営業マンの時、プレイヤーとしてAさんはずっとトップでした。Bさんはだいたい4番から5番くらい。しかも、Aさんはほとんどミスもしません。そのうえ語学も堪能で、PCスキルも抜群でした。

この2人は同時にリーダーとして昇格しました。ところが、リーダーになってから、Aさんのチームでは大きなミスが出たり、離職者が出たりするようになりました。

一方、Bさんのチームでもミスはありますが、早い段階で報告が上がってくるので、うまく対処ができています。また、新しい企画もどんどん上がってくるようになりました。

やがてBさんの評価のほうが高くなっていったのです。

2人の違いは、どこにあったのでしょうか。

実はBさんは、「無知の自己開示」「失敗の自己開示」をしっかりしていたのです。

自分が無知だという自己開示をすると、部下にバカにされるのではないかと思うかもしれませんが、そんなことはありません。逆に「これ、知らないんだけど教えて」と言われれば、部下は「頼られているな」と承認欲求が満たされます。また、「まだ自分も知らないことがあるんだ」とリーダー自身が言っていれば、部下も質問をしやすくなります。

自身の失敗の自己開示も同様です。

「挑戦して失敗したこと」、あるいは「かつて自分が失敗してしまったこと」を自己開示すれば、部下も報告や相談をしやすくなります。

私自身、これまで数々の失敗をしてきました。

旅行会社時代に、「広めの部屋を予約しておいて」と言われ、宴会場のような部屋を手配してしまったこともあります。外資系専門商社で働いていた時は、原価表を見間違えたり、廃番商品を受注してしまったりしたこともありました。これらの自己開示は、部下への注意喚起にもなります。

もちろん、自己開示といっても、「アポの時間を間違えた」「寝坊をよくする」といった人格を疑われかねないようなレベルにしないことは、言うまでもありません。

「心理的安全性」が高い職場をつくる方法

リーダーであるBさんがやっていたことは、まさに**「心理的安全性」**を高めることでした。

ここで改めて「心理的安全性」についておさらいすると、みんなが気兼ねなく意見を述べることができ、自分らしくいられる組織の状態を言います。実は「心理的安全性」を担保しているリーダーは、言葉以外でも「見えないところ」でさまざまな工夫をしているのです。

では、実際に「心理的安全性」を高めるには、どうすればいいのでしょうか。「心理的安全性」を提唱しているエイミー・C・エドモンドソン氏は、部下の、

・「無知」と思われないかという不安
・「無能」と思われないかという不安

・ネガティブに思われないかという不安
・邪魔していると思われないかという不安
　という4つの不安を取り除くことが重要だとしています。
　リーダーにできる方法としては、例えば次のようなものがあります。

1 メールの追伸を使って、さりげなく質問する

［部下］資料のもととなるデータの場所がわからなかった。対面なら「何気なく、○○のデータって、どこのフォルダにありますか?」とついでのように聞けたが、メールで聞こうとすると、この質問がメインになり、「こんなことを聞いても大丈夫なのか」という不安があった。

［リーダー］普段からメールの追伸で、部下が聞きにくそうなことをこちらから質問してみる。「ところで、昨年の名古屋の展示会のデータって、どこにあったっけ?」など、「リーダーもわからないことを、周囲に気軽に聞いている」ということを伝える。

2 わざと臆病な面を出す

［部下］営業をかけた見込み客の報告書を提出する際、本当はもっと見込みが低かったのだが、叱られるのが怖くて高めの見込みランクで報告していた。

［リーダー］「自分が営業マンの頃、本当は見込みがないお客様を見込みランクAにしていて、あとあと大変な思いをしたことがあるんだ。だから、みんなには同じ目に遭ってほしくないいんだよね」と部下に話す。

3 質問のハードルを下げる

［部下］他のメンバーがエクセルの関数をよく使いなしているなか、質問して、「こんなことも知らないのか」とあきれられるのではないかと心配だった

［リーダー］「今さらなんだけどさあ、VLOOKUPについて教えてもらえる?」など

と質問してみる。

4 察している旨を明確にする

［部下］長年取引が続いている大口顧客を確保する施策を、価格交渉しか思いつかず、

「無能と思われるのではないか」という不安があり、相談できなかった。

［上司］「自分も、策がないことをなかなか相談できなかったよ。○○さんも言いにくいんじゃないかな」と部下の同僚に話す。

ネガティブな意見も、こう考えれば受け止めやすい

リーダーに対し、時には部下や他部署のメンバーが反対意見を出したり、やってきたことを批判する場合もあります。

この時、できるリーダーは、反発してきた相手に対していきなり怒ることは決してなく、「納得してないみたいだね。意見を聞こうか」といった形で相手の意見を受け止めていきます。

ネガティブな意見でも素直に受け止められるリーダーは、実は頭のなかで次のように考えているのです。

1 自分自身への否定ではなく「意見」への否定と考える

例えば自分が出した新しい企画に対して、「リスクに対しての検証が甘くないですか」と部下が突っ込んできたとします。日本人の多くはこのようなケースでは自分が否定されたように感じてしまいます。

しかし、この場合、辛辣な反対意見を出した人は、あなたの「意見」に反対したのであって、「あなたという人」に反対したわけではないのです。

これをアレンジすると、自分が上司に意見を出す時にも使えます。

「幹部のAさんが意見を出しているが、リスクがある。でも、反対するとAさんに対して否定しているように感じられるのではないか」という心配をしているとしましょう。

このようなケースでは、「Aさんの案、素晴らしいと思います。ただ、この点を考えたほうがいいと思います」といった言い方にすればいいのです。

否定せず、さらに追加の考えを述べるといった形式に変えるだけでも、印象がかなり変わることがわかるでしょう。

2 意見の対立が起こるのは仕方がないと考える

人の意見を素直に聞けるリーダーは、意見の対立は主に次の3つが原因で起こると考えています。

①立場の違い

例えば、リーダーがエース級の成績を上げている将来のリーダー候補の部下に、「後輩の育成をしてほしい」と思っているのに対し、部下は「自分の営業成績しか評価対象にならないのだから、後輩の育成に時間を取られたくない」と思うものです。

他にも例を挙げると、営業部は「最新の顧客管理システムを導入して、お客様との商談に注力したい」と思っているのに対し、経理部は「導入しても投資費用を回収できるか不安」と考えている、などです。

②情報の有無・情報の解釈の違い

人は情報を知っているかどうかで、大きく意見が変わります。

仮に、ある場所が出店候補地に挙がっていたとします。この土地の近くには10年後にリニア新幹線の駅ができると知っていれば、お店を出してもいいと思うかもしれません。しかし、知らなければ、「こんなところに店を出しても、お客様は来ない」と候補から外すでしょう。

さらに、同じ情報を手に入れていたとしても、それに対する解釈は大きく変わることがあります。

仮にカフェを運営していたとして、ライバル店が駅の逆側にできるとします。この場合、「お客様が流れる」と考える人もいれば、「そもそも駅からの動線がすぐ変わるわけではない。わざわざこの改札を出てカフェに寄る人はいないだろう」と考える人もいるでしょう。

③解決手段の違い

同業のライバル社がコストを見直し、販売価格を下げてきたとしましょう。この場合、価格を下げて対抗しようと考える人もいれば、広告やプレスリリースなどを使って露出を増やそうとする人もいるかもしれません。

あるいは付加価値をつけた高級な商品をラインナップに加え、差別化を図ろうとする人もいるかもしれません。

このように、解決手段は思っている以上にたくさんあり、人によっては時折びっくりするようなアイデアを出してきたりします。また、状況によって適正な答えも変わってくるものです。

3 否定を受け止めることで貸しをつくれる

前にも触れたように、人には、自分によくしてくれた相手に対して、よくしようとする「返報性の原理」があります。意見を聞いて自分の案を取り入れてくれた人に対し、「今度はこちらが相手の案に譲歩しないと」といったふうに感じることも多いものです。また、自分の意見を聞いてくれた人に対しては、信頼の気持ちも増していくでしょう。

できるリーダーは、このことをよく理解しています。

また、否定的な案があるからこそイノベーションが生まれるとも考えています。アイデアが生まれるまでの葛藤《かっとう》や対立は必要なプロセスだととらえているのです。

このように考え、否定的意見でも受け入れてくれるリーダーの下では、みんなが安心して意見を出し合えるようになるでしょう。

まずリーダーが「時間外」出勤、メール対応をやめる

働き方改革法案が施行され、時間外営業は減らそうという動きがだいぶ出てきたと思います。

一方で、朝9時始業なら8時に出社する、場合によっては7時に出社するといった「**アーリーワーク**」をする人も出てきました。

朝は頭も冴えているので、生産性が上がります。私自身、夜の残業で3時間かかっていた仕事を朝やったら1時間で終わった、なんてことがありました。また、夜に書くラブレターは危険と言われるように、誤字や脱字も多かったりします。だから朝仕事をすることはいいことのように思えます。

しかし、問題があります。それは「**時間外出勤**」になってしまうことです。

9時出社の会社で、「うちのチームは残業せずに朝1時間早く来てやろう」といった場合、これは早朝残業に当たります。部下の意思で早く来ているのならかまわないのですが、リーダーが強要してはなりません。

信頼されるリーダーは、部下が朝早く来ていても自分は出社しません。むしろ、メンバーの平均出社時間よりも少し遅めに来ます。リーダーが早く出社していると、部下も早く出社しないといけないと思わせてしまうからです。

例えば、メンバーが8時40分くらいに来るなら、8時45分くらいに出社します。朝に仕事をしたい場合は、会社の近くのカフェなどでしているのです。

また、部下から時間外、例えば深夜にメールやチャットが来ることもあります。

『デンマーク人はなぜ4時に帰っても成果を出せるのか』(PHP研究所)によると、デンマーク人は4時に帰宅し、家族で食事などの団欒《だんらん》をしたあとに仕事をすることもあるようです。

日本人でもテレワークの普及により、夜に仕事をしていたり、あるいは夕方に集中力が低下した状態で仕事をするよりも、仮眠を取ってから少し仕事をしようと思う人もいるでしょう。深夜にメールが来ることは仕方ないかもしれません。

しかし、リーダーはこの部下からのメールにすぐに返信してはいけません。次の日の朝、始業してからメールを返信するようにしましょう。

部下からすると、上司からのメールの返信が「了解。では、その案で進めてください」など短い文章でも、「あっ、上司が返信を待っているかも」と思ってさらに返信し、いわゆるメールのラリーになる可能性もあります。

同じように、休日のメールにも返信はしないようにしましょう。部下によってはとりあえず上司にメールだけして、あとはゆっくり休もうと考える人もいます。このタイプは土曜日の朝にメールが来ることが多くなります。それでも返すのは週明けにしてください。

このように書くと、「月曜日の朝は仕事が多い。送るメールは少なくしておきたい」という人もいるでしょう。私もそうでしたから、気持ちはわかります。

そのような場合は、送信文面を書いて下書きフォルダに入れておく、あるいはチャットの場合はテキストで文章だけつくっておき、月曜日の朝に送るようにすればいいのです。

もちろん、これは翌日、あるいは週明けに対応すればいい案件の場合です。部下からの急ぎのメールやチャットは例外です。

リーダーの成功体験をチームで共有する

リーダーのAさんは言語化が得意で、成功体験も失敗体験も部下にうまく伝えられる人でした。しかし、プレイヤー時代は言語化が苦手で、感覚で仕事をするタイプでした。例えば営業で大口顧客を獲得し、後輩に理由を聞かれても、「成功要因？　何だろう。タイミングかな？　マメに顔を出すことかな？」と言っていました。時には後輩に「○○君はお客様との信頼関係をしっかり構築しないと」「もっとお客様の気持ちになれよ」などと言っていました。

実はこのAさん、お恥ずかしながら、かつての私のことです。

せっかくの勝因（成功体験）を言語化できないままリーダーに昇格した私は、部下に質問されても何も教えることができませんでした。そして、一向に成績が上がらない部下に必要以上に厳しくし、その後、降格人事になりました。その時、自分の成功体験をマニュアル化している、素晴らしい営業マンを見つけたのです。

失敗には必ず理由がある一方で、成功は偶然が重なっていることが多いとよく言われます。でも、成功のなかには、気づかないだけで、何らかの要因があるケースは少なくありません。その営業マンは、成功の要因もしっかり書き出していたのです。

・どうしてコンペに勝てたのか?↓提案資料の最初のページに、お客様の質問に対する回答を入れたから
・どうして初めての商談で契約が成立したのか↓見積もり書と納品スケジュールを事前に準備して臨んでいたから

このように、自分の成功の要因をチームで共有すれば、メンバーの1人ひとりが成功する確率も格段にアップします。

名プレイヤーが名監督になれないのは、「暗黙知《あんもくち》」が「形式知《けいしきち》」にできていないからです。

「暗黙知」とは、容易には言葉にしにくい知識のことです。一方、「形式知」とは、明示して共有できるよう客観的に表現されたもので、マニュアルなどがそれに当たります。

優れたプレイヤーのテクニックの再現性を高めるには、この「形式知」にする必要があるのです。

リーダーは、常に仕事の「暗黙知」を「形式知」にする習慣をつけることが大切です。

「おーっ、売上が立ったぞ!　結果オーライだ。よし、飲みに行くか」という人と、「契

約をいただけてよかった！　何が要因か分析しておこう」という人では、数カ月後、1年後、3年後と、大きな差が開いていくでしょう。

優秀な社員の仕事のやり方は最高の教材

リーダーが全知全能でいられた時代は過去のことです。今はプレイヤーがリーダーより優秀なことも多くあります。

できないリーダーは、自分より優秀なプレイヤーをつぶし、自分の言うことを聞かせようとします。一方、できるリーダーは、自分より優秀なプレイヤーをたくさん集めようとします。

その優秀なプレイヤーを、ここでは「ハイパフォーマー」と呼んでいきます。

ハイパフォーマーのなかには無意識に行動している人が多く、「暗黙知」をたくさん持っている傾向があります。

また、リーダーや他のメンバーからすると、本来、貴重なノウハウなのに、特別な行動を無意識のままやってしまっていることも多々あります。せっかくなら、この**個人の「暗**

黙知」をチーム全体の「形式知」に変換したいものです。

この場合、ハイパフォーマーのなかで言語化されていないことが多いので、リーダーは対話をしながら「形式知」に導いていきましょう。

また、**ハイパフォーマーが残した成果物の軌跡から学ぶように指導する**のも有効です。

実は、企画書や契約書などは、生で仕事を学べる貴重な素材です。この企画書はどういう点がよかったのか、と考えてもらうわけです。

新人に書類をシュレッダーで裁断させている会社があるといいます。シュレッダーにかける書類は、そのまま捨てて外部に漏れると問題になる文書です。新人に、その裁断する前の文書に目を通すようにさせました。

裁断する前の書類は、お客様向けの提案書、プロジェクトの企画書、各部門の去年の中長期経営計画などです。捨てる前にこうした書類を読むことで、たくさんの学びを得られるのです。

私が在籍した会社に転職してきて、いいパフォーマンスを発揮した別部署のマネジャーは、入社してから数週間、前任者の稟議書や企画書をひたすら読み込んでいました。

社内ではどんな企画が通りやすいか、今、どんな企画がお客様に喜ばれるか、などに気づけたそうです。引き継ぎ資料もあったようですが、それ以上にヒントになったと言っていました。

それなのに、既存で管理している企画書や稟議書はコンプライアンス保持にばかり視点が向いていて、ビジネスのヒントという意識がないようです。

せっかく共有フォルダを使っているなら、コンプライアンス維持というマイナスの要素ではなく、プラスの要素でも利用するようにしましょう。

部下が勝手に育つ「仕組み」をつくる

部下を育てるのが上手なリーダーは、部下が勝手に育つ環境を整えています。具体的に言うと、**「部下が部下を育てる仕組み」**をつくっているのです。

例えば、1年目のメンバーは2年目のメンバーが育成担当になる、2年目のメンバーには3年目のメンバーが育成担当になる、といった具合です。

昨今は変化のスピードが激しいうえに、業務の多様化、内製化の減少などの影響もあり、若手メンバーでもプロジェクトリーダーになることが増えています。部下がその下の部下を育てることは、自分自身がプロジェクトリーダーになった時にも役立ちます。

そして何より、**「教えることは最強の学び」**になります。

「教える」ことの大前提として、自分自身がしっかりと知識やスキルを身につけておく必要があります。

例えば、私は現在、講師やコンサルタントをしていますが、新しい研修メニューを開発する際、実験で誰かの前でお話しするようにしています。すると、話した内容が頭のなかに残りやすくなり、私自身の学びになっていると感じます。

加えて育成担当になると、質問を受けるケースも多くなります。「質問を受けること」も大きな学びになります。

実は、この仕組みにはモデルがあります。江戸時代の薩摩藩の教育制度、「郷中《ごじゅう》教育」です。これは6歳以上の藩士の子弟たちが集まって学問や武芸の鍛錬をする際、6～10歳の子を11～15歳の少年が教え、11～15歳の少年を15歳以上の青年が教えるという仕組みでした。

部下を動かすリーダーは、この制度に倣《なら》った「部下が部下を育てる仕組み」をうまく取り入れているのです。

次のリーダー「ナンバー2」の育成にも力を注ぐ

リーダーが、自分の右腕となるナンバー2の部下を育てることには、いくつかのメリットがあります。

同じ内容をリーダーに言われると萎縮してしまう場合でも、同じプレイヤーの先輩の話なら威圧感がないという人もいるでしょう。

また、1人で見切れる人数には限界がありますから、ナンバー2的な部下の力を借りるのはチームの業績アップのためにもいいことです。

リーダー側ばかりでなく、ナンバー2になる人にもメリットがあります。

プレイヤー時代に優秀だった人が、リーダーになった途端に輝きを失ってしまうこともあります。

そもそも、プレイヤーとリーダーは違う仕事です。特に苦労するのは部下の育成やコミユニケーションです。自分1人の時とは大きく変わります。相談に対するアドバイスや、タイムマネジメントも難しくなります。そこをナンバー2に任せることで、リーダーになる前に予習できるのです。これは大きいです。

管理職前研修の講師をしていると、その時点で、「この人はリーダーになったら伸びるだろうな」という人がたまにいます。そういう人に話を聞いてみると、自ら後輩の育成をしてリーダーを助けているのです。

リーダーになってからする決裁や開発の仕事などは、やっているうちにすぐにできるようになるものです。しかし、部下育成やコミュニケーション術は、一朝一夕には身につきません。

そこで、**できるリーダーは、ナンバー2に権限委譲したりします。**正式な人事でなくても、後輩育成の担当にしたり、時には1 on 1ミーティングを任せてしまうこともあります。

実際、私のクライアントでも、リーダーではなくナンバー2が1 on 1をしている場合がありますが、うまく機能しています。「リーダーに相談するのはためらうけど、ナンバー2の先輩には相談できる」という声もあります。

このように書くと、1 on 1は直属のリーダーがしっかりやらなくてはいけないと思う人もいるかもしれません。しかし、リーダーがナンバー2の部下との1on1で、自分が面談していない部下の情報を聞き出して把握しておけばいいのです。

ナンバー2に向いているのはどんな人？

誰にナンバー2を任せるかというのは、リーダーの仕事、そしてチームの仕事がうまく回っていくかに大きく影響します。会社の人事によってナンバー2が選ばれる場合もありますが、リーダーが意見を求められた時は、次の条件を満たしている人を選ぶといいでしょう。

1 自分と違うタイプの人

リーダーが新しいことをするのが好きであったり、感覚を大事にしているタイプなら、ナンバー2には慎重で常にリスクがないか検討するタイプを選ぶといいでしょう。

2 自分に意見をできる人

ついナンバー2には、つい自分に従順な人を選んでしまいがちです。そういう人でも時にリーダーに意見を言えるタイプならいいのですが、言えないタイプもいます。

「心理的安全性」が担保されていないことが理由の場合もありますが、担保しても意見をするのが苦手な部下もいます。このタイプの部下には、言いにくいことでも言えるように訓練を重ねてからのほうがいいでしょう。

3 意見を言われて腹が立たない人

これは意外に大事なことなのですが、ついおろそかにしてしまいがちです。先ほど、どんな人の反対意見・反論もまずは受け止めるのがリーダーだとお伝えしましたが、これはあくまで目標です。リーダーも人の子ですから、やはり相性というものもあります。

批判しかしない一匹狼タイプの人をナンバー2にすると、リーダーがストレスになってしまうでしょう。無理をする必要はありません。

4 ハラスメント気質でない人

怒りっぽい人、乱暴な言葉を使う人は論外です。

私は、ハラスメント気質な人かどうかを判断する際に、「最近、腹が立ったことを挙げてください」と質問しています。その際に、「イライラしたことがない」と言う人は逆に危険です。イライラしたことを正直に言ってくれる人がいたら、「その時、どうしたの?」と聞いてみましょう。ここで感情をコントロールできている人なら大丈夫です。

ナンバー2を伸ばす仕事の任せ方

ナンバー2に部下育成を頼むことはいいことです。しかし、注意をしないと、ナンバー2の部下がつぶれてしまうこともあります。

ここでは注意点をお伝えしましょう。

■他のメンバーの前で叱責したり恥をかかせない

かつてはナンバー2の部下をわざとみんなの前で強く叱り、他の部下へも注意を促すという方法がありましたが、これは好ましくありません。

「ナンバー2なんだから仕方ないだろう」と言う人もいますが、会社の正式な人事でなくナンバー2を任されている人の場合、役職手当もなく、「理不尽じゃないか」と怒りの感情を持つでしょう。

■否定しない・責めない

「後輩のミスはナンバー2のあなたの責任だよ」「○○さんがいつまでも伸びないのは、あなたのせいだよ」と言うのではリーダー失格です。そもそもミスが多かったり部下が育たない場合、要因を分析して「仕組み化」を図る必要があります。そして、「仕組み化」はあくまでリーダーの仕事であり、ナンバー2の部下に押しつけてはなりません。

■まめに1on1ミーティングをする

ナンバー2はプレイヤーとしての目標も持っており、ストレスもたまりやすいものです。定期的なケアが欠かせません。

■評価者面談に同席させる

普段ナンバー2の部下に育成を頼んでいるなら、評価者面談にも同席させ、三者面談にするのがおすすめです。

部下育成とともに難しいのが評価面談です。その評価面談をリーダーになる前にナンバー2の部下が経験できるのは大きな学びになります。また、実際に評価を見ながら部下育成の修正をしていけるというメリットもあります。

リーダーとしても、普段、直接見ていない部下と、評価面談の時だけ接するのはやりにくいでしょう。

■直接の相談を受けない

チームのメンバーには、できるだけナンバー2に相談するように伝えます。

そのためにも、日頃から「○○さん（ナンバー2）に聞いておけば、マーケティングのスキルは相当身につくよ」「私は○○さんを本当に信頼している。○○さんの言う通りにやれば大丈夫」と伝えておきましょう。

ただし、ハラスメントなど何か大きな問題がある時だけは、リーダーがしっかり対応するようにしてください。

人が辞めないチームマネジメントの極意

昨今、離職率が高い職場の特徴として、「きつすぎる職場」と「ゆるすぎる職場」があります。

「きつすぎる職場」ではメンタルが崩壊したりするのに対し、「ゆるすぎる職場」は成長できない環境になっています。リーダーはチームがこのような雰囲気に陥っていないかを常に気にかける必要があります。

もちろんナンバー2の人にも協力を仰ぎながら進めていくのがいいですが、自分でも以下の点に気をつけておきましょう。

1 メンバー間のハラスメントに注意する

上司対部下ではなく、同僚同士の間でハラスメントが生じる場合があります。目標を常に達成し、業績が上位のメンバーに対し、成績が低迷している先輩が徒党を組んで嫌がらせをしている場合などは少なくありません。

せっかく結果を出していたメンバーが周囲に気をつかって、仕事に取り組む量を減らしてしまうのは本末転倒です。

この時、できるリーダーは、「成績が上位だから調子に乗っているのでは」などと言いません。もちろん、態度が横柄であったり言葉づかいが乱暴なら是正する必要はありますが、出る杭が打たれないようにアドバイスして、本人の芽をつぶさないようにフォローしましょう。

逆に足を引っ張っているメンバーに対しては、場合によっては異動などの放出を人事部に掛け合ってもいいかもしれません。目標達成や業務の遂行にきつさはあってもいいですが、人間関係のきつさは排除する必要があります。

2 前例主義や減点主義には絶対にしない

「新しいことはしないけれど、ミスはしない」

「新規開拓はしないけれど、既存のお客様とうまくやっている」

「周囲を振り回すことなくソツなくやっているが、成績は中程度」

このような人を評価してはいけません。

失敗しない人の多くは、挑戦量が足りていません。よく、リピート率や受注率を評価基準にする人がいますが、私はこれには反対です。もちろん、何か新たな取り組みをしてリピート率が上がっていたり、あるいは新規受注後のフォローが足りなくて、お客様が離脱している場合は改善する必要があります。

しかし、この基準を盾にしている人がいたら、評価してはいけません。分母が少なくても評価されるこのような仕組みは、「ゆるい職場」にしてしまう可能性があります。

また、できるなら毎月1回、何か新しいことに取り組むことをルール化し、そこを評価の対象にするのもいいでしょう。

3 裏方役の評価基準を定める

営業アシスタントなどの裏方役は、なかなか成果が数字に表れにくいものです。

こうした裏方役のモチベーションを下げないリーダーは、常に裏方役に感謝の念を示すとともに、評価基準を定めています。頑張っている人と何もしないけれどアピールが強い人がいて、後者の人の評価が上がったら、チーム内に亀裂が走りかねません。

ただ、この場合、ミスの少なさといった挑戦を避けるものや、作成する書類量の多さなど、他のメンバーの負担になるようなものは避けないといけません。

例えば、私が営業推進部時代に取り入れていた評価基準は、期日以内の見積もりの作成、業界のお役立ち情報の発信、営業やお客様のニーズに沿った案内書の作成などでした。

他にも「気持ちのいい挨拶を1日に何度したか」なども入れていました。挨拶は当たり前のようで、ついおろそかになってしまうものでもありますが、相手との関係を良好にするための基本です。

4 意見を出して損したと思わせない

メンバーがなかなか新たな取り組みをしてこないと嘆いているリーダーのチームには、意見を出せば出すほど損だという空気が流れていることがあります。

例えば、Aさんが意見を出したら本人に1人でやらせるのではなく、実行する際は他の人と一緒にやってもらう、あるいは別のほとんど新しいことをやらない人を実行役にするのもありです。

会議を有意義なものにするヒント

メールとともに、時間を取られるといわれているのが会議です。

リーダーになると出席する会議が多くなります。この会議のなかには、ちょっとした打ち合わせも含まれます。

人によっては1日中ほとんど会議だったり、日中は何もできずに定時を過ぎてから自分の仕事をしている人もいます。これでは疲弊困憊《ひろうこんぱい》して、どんどん生産性が低下していきます。

その一方で、会議の時間を縮小しているリーダーもいます。会議の内容を見直したり、会議自体をなくせないかと考えているのです。

以下、会議の種類ごとに見直しのポイントを見ていきましょう。

1 進捗・結果報告会議

単なる情報共有の会議や、進捗遅延や目標未達などについて責めるだけの会議は、改善できないのならメールでの伝達でいいと考えます。改善案について意見を出し合う会議にします。つまり、反対意見は改善案とセットにするようルールづけます。

2 ブレスト会議

ブレスト会議は、本来はアイデアを出し合うのが目的です。

しかし特定の人しか意見を言わない状態や、「心理的安全性」が守られず、意見に対しての反論が出るだけになっている場合もあります。

そんな時は会議をいくつかに分けましょう。意見が言えない気が弱い人と、大声で圧迫感がある人を分けるのです。この方法は、気の弱い若手メンバーが先輩に萎縮してしまっている時に有効です。

また、順番として若手メンバーから意見を言う方法を取るチームもありますが、なかなか意見は言えないもの。ナンバー2やムードメーカーから発表してしまうのがいいでしょう。

リーダーがわざと稚拙《ちせつ》でツッコミどころ満載の意見を言うのもいいですね。「こんな曖昧な思いつきでいいんだ」と、メンバーも発言しやすくなります。

なお、あまり意見が言えないメンバーがいる場合は、会議の最初に15分「ブレインライティング」をする時間を取るのもいいでしょう。

ブレインライティングとは、複数人で回覧板式にアイデア発想シートを回して、アイデアを引き継ぎ合いながら広げていく手法です。アイデアを書いてリレー方式でつなげていくため、大勢の人の前で発言するのが苦手な人でも、アイデアを気軽に出せるというメリットがあります。

具体的なやり方を説明しましょう。まず、マスを区切った用紙の上部にテーマを書きます。テーマをはっきりさせておくことで、アイデアが出やすくなります。制限時間（5分程度）を設けて、マス目の1行目にアイデアを書き出してもらい、時間が来たら次の人に回していきます。

このように素早くアイデアを回していくわけですが、ブレインストーミングと異なり、アイデアを出したあと、すぐに反論を言われることがありません。また、ブレインストーミングは発言を聞いた人の反応が気になるものですが、紙に書く場合は他の人の目を気にせずにいられるので、柔軟な発想が出てきやすいというメリットもあります。

3 決めたことを実行しない会議

実行しない会議は、やる意味がありません。

もしかすると、やることが多すぎて、担当になった人が実行しにくいのかもしれません。この場合、仕事を小さく分割し、行動の第1歩としてやる仕事、その振り返りの日時まで決めておきます。

経験が浅いメンバーが担当することになった場合は、経験が多いメンバーを補佐役につけるのもいいでしょう。

4 決まらない会議

実行しない会議と同様、決まらない会議も廃止の対象です。

この場合の改善策として、第一に意思決定に100％の精度を求めないことです。失敗することもあると思っておき、完璧主義は避けましょう。

また、そもそも議案の数が多すぎるということも考えられます。

例えば25分の会議なら、議案は2つまでにします。そして、最初の議題は14時15分まで、2つ目の議題は14時25分まで、などと議案ごとの終了時間を決めておきます。198ペー

— 議案フォーマット例 —

	9月・10月売上減少の件
問題	オンライン面談件数の減少
要因	アポイントがうまく取れていない
対策	【第1案】営業リーダーの研修 【第2案】全営業スタッフの研修
予想できる効果	1日当たり平均面談件数4件(5月)
時期	【第1案】1月 【第2案】1月～2月
コスト	【第1案】100万円 【第2案】300万円

ジのフォーマットのように、あらかじめ議案を提示し、共有しておきましょう。

そして、最終決定はリーダーがするようにしてください。

特に異動や転職したてのリーダーや、自分より年上のメンバーが多いチームのリーダーは気をつかいがちですが、遠慮する必要はありません。

そもそも全員が100％賛成という意見は少ないものです。終了時間間際になったらリーダーが決めるようにしましょう。

参加メンバーが多すぎるのもよくありません、

・「念のために出席して」をやめる
・参加しない人には議事録で対応する

・会議コストを強く意識し、1グループ1人の参加にする
・個別の悩みがある場合は、別途1on1ミーティングで対応する

などして、会議に時間を取られないよう、「仕組み化」していきましょう。

「議事録」に時間をかけすぎていないか

会議の前後の仕事を見直すことも大切です。議案を送る場合のフォーマットや議事録を簡素化するようにしましょう。会議で決まったことがわかればいいのですから、200ページのような簡単なものでかまいません。

かつて私の在籍した会社では、2時間の会議の議事録を作成するのに8時間くらいかけていました。8時間といったらほぼ1日です。録音したものを文字起こししていたのですが、その際は全員の意見が入っているかどうかを重視していました。議事録を見て、「俺が言ったことが入っていないじゃないか」と文句を言ってくる人もいたからです。

しかし、議事録は会議で決まったことが書いてあればいいのであって、発言記録ではありません。今は音声入力で文字に変換できるソフトもありますが、そもそも、そんな長文

― 議事録例 ―

	営業研修の件
結論	営業リーダーの研修
最初の行動	人事部を介して研修会社の営業マンとの面談
着手期限	11月21日
担当	吉田

の議事録なんてナンセンスです。極論を言えば、書き込んだホワイトボードの写真を撮ってメールで送るだけでもいいのです。

コミュニティーの「鮮度」を保つコツ

SNSでグループをつくり、チームメンバーでやりとりしている組織も増えています。どんどんアイデアを出してチームを活性化させたり、お互いに仕事の進捗状況を報告し合って切磋琢磨《せっさたくま》できるのは、とてもいいことだと思います。

一方で、コミュニティーは気をつけないと形骸化してしまう可能性もあります。チームでコミュニティーを上手に維持するヒントをお伝えしましょう。

1 リーダーが積極的にグループに投稿する

最初のうちはメンバーもなかなか投稿しづらいものです。リーダーが率先して投稿していきましょう。

特にリモートワークが主体となっているチーム、営業で週1回しか出社しないのでメンバー同士が顔を合わせないチームなどでは、SNSのグループをつくったら、どんどん投稿を増やしていくようにします。

「今日も寒いですね。缶コーヒーを2本も買ってしまった」
「○○さんがすすめてくれた本、私も読みました。面白かったです！」

といった具合に、ちょっとしたグチや、その日の移動中の出来事でいいので、リーダーが率先して投稿していきましょう。

そして、夕方には必ず今日の業務報告をする、受注できたらその報告をするなど、仕事に関するルールを決めておけばいいのです。

2 メンバーが投稿したらコメントを返したり、「いいねボタン」を押す

せっかく投稿しても反応がなければ、メンバーは投稿しても仕方がないと思ってしまい

ます。

リーダーは必ず「見ているよ」と伝えるために反応しましょう。

3 新しい案件ができたら、関係者のみで別にグループをつくる

チームのなかで、一部のメンバーが参加するプロジェクトなどが立ち上がることもあります。その場合は新しいグループをつくりましょう。案件が増えすぎると、メンバーもどのグループに投稿したらいいか迷ってしまうからです。

そして案件が終了してやりとりがなくなったものは、

【終了】２０２４年度6月　新入社員フォローアップ研修の連絡グループ
【終了】４月22日〇〇産業展出展メンバー

などのように、グループ名の前に「終了」と入れ、その後は使用禁止とします。このようにすれば、混乱が生じることはないでしょう。

72ページで紹介している、メールやチャットを使用する際の注意点も意識しながら、コミュニティーをうまく活用してチーム力を高めていきましょう。

青春新書
INTELLIGENCE

こころ涌き立つ「知」の冒険

いまを生きる

"青春新書"は昭和三一年に——若い日に常にあなたの心の友として、その糧となり実になる多様な知恵が、生きる指標として勇気と力になり、すぐに役立つ——をモットーに創刊された。

そして昭和三八年、新しい時代の気運の中で、新書"プレイブックス"にその役目のバトンを渡した。「人生を自由自在に活動《プレイ》する」のキャッチコピーのもと——すべてのうっ積を吹きとばし、自由闊達な活動力を培養し、勇気と自信を生み出す最も楽しいシリーズ——となった。

いまや、私たちはバブル経済崩壊後の混沌とした価値観のただ中にいる。その価値観は常に未曾有の変貌を見せ、社会は少子高齢化し、地球規模の環境問題等は解決の兆しを見せない。私たちはあらゆる不安と懐疑に対峙している。

本シリーズ"青春新書インテリジェンス"はまさに、この時代の欲求によってプレイブックスから分化・刊行された。それは即ち、「心の中に自らの青春の輝きを失わない旺盛な知力、活力への欲求」に他ならない。応えるべきキャッチコピーは「こころ涌き立つ"知"の冒険」である。

予測のつかない時代にあって、一人ひとりの足元を照らし出すシリーズでありたいと願う。青春出版社は本年創業五〇周年を迎えた。これはひとえに長年に亘る多くの読者の熱いご支持の賜物である。社員一同深く感謝し、より一層世の中に希望と勇気の明るい光を放つ書籍を出版すべく、鋭意志すものである。

平成一七年

刊行者　小澤源太郎

著者紹介
吉田幸弘〈よしだ ゆきひろ〉
リフレッシュコミュニケーションズ代表。コミュニケーションデザイナー・人材育成コンサルタント・リーダー向けコーチ。成城大学卒業後、学校法人や外資系企業でリーダーに抜擢されたものの、怒ってばかりの不器用なコミュニケーションでチームをまとめきれず、3度の降格人事を経験。その後「部下を承認するマネジメント」を会得し、敏腕リーダーとしてチームの業績を劇的に向上させる。2011年に独立し、現在は経営者・中間管理職向けに、人材育成、チームビルディング、コンサルティング活動、セミナー、研修を行い、累計受講者数は3万5000人を超える。著書に、ロングセラー『リーダーの一流、二流、三流』(明日香出版社)などがある。

リーダーシップは
「見《み》えないところ」が9割《わり》
青春新書
INTELLIGENCE

2024年5月15日　第1刷

著者　吉《よし》田《だ》幸《ゆき》弘《ひろ》

発行者　小澤源太郎

責任編集　株式会社プライム涌光
電話　編集部　03(3203)2850

発行所　東京都新宿区若松町12番1号 〒162-0056　株式会社青春出版社
電話　営業部　03(3207)1916　振替番号　00190-7-98602

印刷・中央精版印刷　製本・ナショナル製本

ISBN978-4-413-04695-4

こころ涌き立つ「知」の冒険！

青春新書 INTELLIGENCE

真相解明「本能寺の変」 光秀は「そこに」いなかったという事実	菅野俊輔	PI・626
13歳からのキリスト教	佐藤　優	PI・627
知らないと怖い がん検診の真実	中山富雄	PI・628
「給与明細」のカラクリ	梅田泰宏	PI・629
いい人間関係は「敬語のくずし方」で決まる	藤田尚弓	PI・630
常識として知っておきたい日本語ノート	齋藤　孝	PI・631
定年格差 70歳でも自分を活かせる人は何をやっているか	郡山史郎	PI・632
「ヨーロッパ王室」から見た世界史	内藤博文	PI・633
お酒の「困った」を解消する最強の飲み方	溝口　徹	PI・634
「食」の未来で何が起きているのか フードテックのすごい世界	石川伸一［監修］	PI・635
その「うつ」っぽさ 適応障害かもしれません	岩波　明	PI・636
脳の寿命を決めるグリア細胞 実は、思考・記憶・感情…を司る陰の立役者だった	岩立康男	PI・637
いま知らないと後悔する2024年の大学入試改革	石川一郎	PI・638
自己肯定感という呪縛 なぜ低いと不安になるのか	榎本博明	PI・639
孤独の飼い方 群れず、甘えず、私らしく生きる	下重暁子	PI・640
ユダヤ大富豪に伝わる最高の家庭教育	天堤太朗	PI・641
UCLAで学んだ「超高速」勉強法	児玉光雄	PI・642
世界史で深まるクラシックの名曲	内藤博文	PI・643
一瞬で心が整う「色」の心理学 色の力で、仕事・人間関係・暮らしの質を上げる	南　涼子	PI・644
70代現役！「食べ方」に秘密あり	生島ヒロシ 石原結實	PI・645
「生前贈与」のやってはいけない 知らないと損する相続の新常識	税理士法人レガシィ 天野　隆 天野大輔	PI・646
「中学英語」を学び直すイラスト教科書	晴山陽一	PI・647
「文様《もんよう》」のしきたり 暮らしを彩る日本の伝統	藤依里子	PI・648
すごいタイトル㊙法則	川上徹也	PI・649